Der Funke von Klarheit

Zwischen Wahrheit und Intuition

© 2022 Manuel Mendez Fracci

Buchsatz von tredition, erstellt mit dem tredition Designer

ISBN Softcover: 978-3-347-66791-4
ISBN Hardcover: 978-3-347-66792-1
ISBN E-Book: 978-3-347-66793-8
ISBN Großschrift: 978-3-347-66795-2

Druck und Distribution im Auftrag des Autors:
tredition GmbH, Halenreie 40-44, 22359 Hamburg, Germany

Inhaltsverzeichnis

- Medien 2.0

- Datenschutz/Datensicherheit – private Informationen (Mensch, Person)

- Biometrische Daten

- Covid 19 Maßnahmen und dessen Analyse

- Bedeutung (Certificate of vaccinated ID-19)

- Natürliche Intelligenz & Künstliche Intelligenz

- Chancen und Visionen der Digitalisierung

- Transhumanismus

- High-Tech Bio Technologien

- Crispr/Cas Verfahren

- mRNA

- Graphen

- High-Tech Technologien

- S.M.A.R.T Technologie

- Web 3.0

- Bluetooth 5.0

- EMF-Electro magnetic Field

- EMF-Schutz

- PH-Wert

- Kohlenstoff / Wasserstoff / Sauerstoff

- Pixel

- Periodensystem

- 5G / Blue Beaming

- Das Wunder der Metalle und Halogene

- Geo-Engineering – Haarp, Chemtrails

- Das Kontrollsystem von Verträgen und Finanzen

- Blockchain

- Kryptowährungen

- Währungen generell

- Angst – Individuum

- Soziale Angst

- Lösung der sozialen Angst

- Entwicklungsangst

- Lösung der Entwicklungsangst

- Gesundheitsangst

- Lösung der Gesundheitsangst

- Freiheitliche Angst

- Lösung der freiheitlichen Angst

- Freiheit

- Wahrheit

- Variationen der Freiheit

- Bedingungslose Freiheit

- Bedingte (kontrollierte Freiheit)

- Die selbstdefinierte (angepasste) Freiheit

- Psychische (geistige) Unversehrtheit

- Physische (körperliche) Unversehrtheit

- Psychische (geistige) Selbstbestimmung

- Physische (körperliche) Selbstbestimmung

- Verteilung des Reichtums auf der Welt

- Glauben und Religion

- Weisheiten

- Expression und Depression

- Sicherheit

- Die Philosophische Botschaft

- Kognitive Vergleiche

- Der Feuerzeug-Vergleich

- Der Aktienkurs-Vergleich

- Der Wasser-Vergleich

- Der Streichholz-Vergleich

Vorwort

Dieses Buch ist unmittelbar innerhalb der Industrierevolution 4.0 entstanden. Nach der Erfindung der Dampfmaschinen und des World Wide Web, befinden wir uns nun zwischen Blockchain, Algorithmus, Robotik, Nanotechnologie und künstlicher Intelligenz. Der Inhalt beruht auf möglichst vielen Aspekten, Meinungen, Ansichten und Illustrationen.

Das Buch soll jeden Leser ansprechen und soll für jedes Individuum lesenswert sein.

Nicht nur die Norm und das System sind durchleuchtet worden, sondern auch die dunkelsten, verrücktesten, abstraktesten, schönsten und alten Theorien oder sogar Realitäten sind hierbei aufgegriffen worden.

Es werden manche Themen nur angeschnitten wohingegen andere Themen eine ausführlichere Durchleuchtung erhalten. Dies bedeutet jedoch nicht, dass ein Thema wichtiger oder interessanter ist als ein anderes. Die Gewichtung und das Interesse an diversen Thematiken sind der heutigen Lage zuzuordnen.

Es wird nicht unterschieden zwischen den jeweilig verschiedenen Theorien von Systemkritiker oder Systembefürworter. Hierbei geht es um eine neutralere und ehrlichere Form den Inhalt von beiden Seiten zu durchleuchten und eine Mitte zwischen beiden möglicherweise aus deren Sicht richtigen Realitäten zu verstehen.

Man muss sich immer vor Augen halten, dass jeder Mensch eine andere Art der Wahrnehmung von der Realität hat. Darüber hinaus bekommen wir dann nochmal eine allgemeine Realität übergestülpt, sodass wir wie ein Stromkreislauf in Gleichschaltung verweilen. Wir können andere verstehen und haben eine Grundvorstellung von dem was die andere Person meint, sofern eine Expression stattfindet. Eine Expression ist das Realisieren einer Information.

Die Vogelperspektive ist dazu da, sich zurück zu ziehen und von oben jede Sichtweise, Identität oder Weltanschauung in Betracht zu ziehen, sowie jede Seite der Medaille zu beobachten. Hierbei geht es immer um eine idealistische, marxistische Weltanschauung in der Definition.

Es gibt nicht nur schwarz und weiß. Die Welt ist bunt wie unsere Gedanken und Denkmuster.

Sobald eine Meinung nicht mit einer anderen Meinung übereinstimmt, wird sie oft denunziert oder abgetan. Die Medien zum Beispiel beherrschen dieses Spiel perfekt. Aber auch im sozialen Bereich gibt es immer Gruppierungen, welche sich zusammentun und eine Art Kollektivmeinung annehmen und auch demnach leben.

Hierbei spricht man oft von: „Gleich und gleich gesellt sich gern."

Diese Redewendung kann man in unseren Alltagsalgorithmus oftmals feststellen. Menschen gesellen sich einander durch Hobbys, Religionsansichten, Musikgeschmack und durch vieles mehr. Wir sind in diesem Zuge berechenbar. Besonders diejenigen, welche sich auf monotone Konformitäten beschränken. Das Gegenteil von Konformität ist Nonkonformität und bedeutet eben nicht immer die Meinung oder Interessen mit anderen zu teilen oder diese anzunehmen. Nicht immer „ja" sagen, sondern auch mal „nein" sagen. Das „nein" sagen ist nicht immer leicht und geht genauso wie das „ja" sagen mit Konsequenzen einher, welche jeder für sich selbst entscheiden kann.

In diesem Buch geht es vor Allem darum, die Konformität und die Rituale der letzten Jahrzehnte zu hinterfragen, zu durchleuchten und auch die Logik mit einzubeziehen.

In Bezug auf Logik wird dann auch die Effizienz mit hinzugeführt. Nicht die Effizienz unserer Konsumgüter, sondern die Lebenseffizienz des Menschen und das Gebrauchsgut einer Person.

Es ist die Zeit gekommen, in der wir Mensch uns neu ausrichten müssen, da die alten Normen durch den Strukturwandel in den nächsten Jahren ersetzt, erneuert oder verändert werden.

Die Menschen, welche wir besonders brauchen, sind nicht die Menschen die den meisten Profit generieren, sondern es sind die Menschen die das Gute auf der Welt fördern. Von den Menschen, welche Profit im hohen Maße generieren haben wir bereits genug. Das nennt man oft den „Mainstream". Hiermit sind oft große Massen von Menschen die oft dasselbe machen, dieselben Interessen haben und auch dasselbe durch Fernsehen und Medien denken. Es ist die gleichgeschaltete Form des Lebens.

Bevor wir uns nun der Freiheit an sich widmen, sollten wir uns ebenfalls die Rechtslage und die Gegebenheiten als Individuum des „Menschen" verinnerlichen. Weiterhin sollten wir uns die diversen neuen Technologien sowie alte Formen und Normen anschauen.

Differenzierung von Menschen und Personen

Wir sind alle Menschen, dies ist bereits jedem klar. Wir werden als Menschen und nicht als Personen geboren. Nun ist es aber so, dass wir in einem Land mit einer bestimmten ID als Person (Plural von Person=Personal) der Deutschland GmbH zugeordnet werden.

ungsweise identifizieren? Durch Personalien, welche Daten der Person die jemand (Mensch) ausführt, speichert und wiedergibt. In diesem Sinne werden wir in einem Rechtsstaat als rechtlich angreifbare und haftbare juristische Person eingestuft. Wir sind also wie ein Unternehmen rechtskonform und eine greifbare rechtliche Person.

Deshalb sollte einem die Freiheit des Unterschiedes von Person, juristischer Person und sogar der natürlichen Person bewusst sein. So sollte man sich ebenfalls fragen, warum können Sachen zur Person klassifiziert werden? Ganz einfach, weil Person nur ein Medium des Systems ist und keine biologische, menschliche Herkunft benötigt.

Als Mensch kann man verschiedene juristische Personen als Geschäft oder Person einnehmen. Man kann sich umbenennen oder aber sein Geschlecht sowie Nationalität etc. ändern. Alles geschieht hierbei im Namen der Person die man selbst auswählt wie in einem Videospiel seinen Charakter, welchen man virtuell spielt. Das Prinzip ist identisch.

Man muss hierbei immer von einer nicht systemgesteuerten Welt und von einer systemgesteuerten Welt sprechen.

Eine gesteuerte Welt des Systems treten wir mit dem Synonym der Person bei. Alles kann demnach der Person oder den Prozessen durch die Person zugeordnet werden.

Eine nicht gesteuerte Welt ohne Systemsteuerung basiert auf den Grundlagen der Natur.

Hierbei unterscheidet man von einer illusionären vom Menschen gemachten Welt und von einer realen, durch die Natur (Energie) gemachten Welt.

Die natürliche Welt, welche nicht vom System gesteuert wird, betreten wir als Mensch ohne Personal und ohne dessen Zahnräder der Kontrolle und Obrigkeit. Wir unterliegen hierbei niemanden und sind von Gott gemachte Gestalten.

Die Rede ist hierbei vor Allem von Wasser und Nahrung, welche als Konsumgut durch Wirtschaft und Unternehmen immer mehr von der eigentlichen Natur abgekoppelt und zentralisiert werden.

Dies geschieht auch mit dem Gebrauchsgut „Person". Als Person werden unsere Zeit und unsere Energie dafür aufgewendet, Konsumgüter und Dienstleistungen zu erstellen und die Mechanismen des Systems aufrecht zu erhalten. Ebenfalls wird durch uns das Konstrukt zusammengehalten und innerhalb des Systems die Prozesse verbessert oder ausgeführt.

Als Beispiel zum Unterscheiden von Menschen und Personen ist zum Beispiel der Adel, welcher frei von jeglichen Personalisierungen ist und nur ein Personal einstellt. Personal ist das moderne Wort von Diener oder Sklave. Oft wird hier auch von Bürger gesprochen. Ein Bürger ist nichts anderes als ein Untertan eines Bürgeramtes und dessen Bürgermeister. Wie der Name schon sagt ist ein Bürgermeister der Meister der untergeordneten Bürger.

Dem Adel ist niemand befehlig oder steht höher als jener, da der Adel samt der Kirche in der Rangordnung von Geld, Macht und Besitz über die eines Landesgremiums und dessen Grenzen hinaus seine Machtstruktur entfaltet.

Wer hier in der Geschichte blättert weiß, dass die Länder und dessen Ländereien durch die Kirche sowie durch die alten Königreiche aufgeteilt, verteilt und eingegliedert sind. Dies war die erste große Struktur des kompletten Systems wie wir es heute kennen.

Eine gewisse Ordnung ist immer besser als Chaos. Aus zu viel Ordnung und Machtzentralisierung entsteht immer wieder ein Chaos und eine Dezentralisierung wie wir es auch heute wieder erkennen können.

Es ist immer das Gleichgewicht von Ordnung und Chaos zu bewahren. Gibt es zu viel Ordnung entsteht Chaos. Gibt es zu viel Chaos wird Ordnung geschaffen. Ein alter Grundsatz der sogar in den Georgia Guidestones in den Stein gemeißelt wird, gibt die Menge an Menschen an, mit denen man diese Mechanismen am besten umsetzen kann ohne, dass das System ins Wanken gerät oder sogar zusammenfällt und neu geschaffen wird.

Politai und Idiotai

Das Wort „Idiot" stammt aus dem griechischen Polis-System von Idiotes, welches so viel wie „Privatperson" heißt. Im lateinischen wurde der Begriff „Idiot" dann zum Laien oder zur unwissenden Person verändert. Im Unterschied kommt „Idiot" von „Idiotai". Die informierten und aktiven Bürger nannte man „Politai", während das Gegenteil die nicht informierten und nicht aktiven waren. Sie nannte man die Idiotai. Eine wenig geschätzte Gattung der Menschen, welche sich aus öffentlichen-politischen Angelegenheiten heraushielten und keine Ämter wahrnahmen, auch wenn dies ihnen möglich war.

Sehr wahrscheinlich kommt Politik vom Wort Polis und von den Politai, welche die Informationen studiert haben und den Idiotai überlegen waren.

Heutzutage sind die Privatpersonen (Laut altgriechisch „Idioten") nur im Glauben eine politische Entscheidung zu treffen, welche aber nur durch die Politai bestimmt wird. Demnach ist der Privatperson nur politische Entscheidungsfreiheit im Sinne der Politai vorgestellten Möglichkeiten zu wählen.

Alle Entscheidungen werden durch die jeweilige Politai heutzutage Politik genannt, geprägt und sogar Entworfen.

In diesem Zusammenhang unter dem Deckmantel der Demokratie, erhalten wir keine Meinungsfreiheit und auch keine Entscheidungsfreiheit, sondern nur einen Entscheidungsvorschlag. Somit können wir den vorgefertigten Baukasten nicht „Ent" scheiden und die Entscheidung zu Gunsten des Entscheidungsgremiums in jeglicher Hinsicht einleiten.

So hat man die Wahl der Entscheidung zwischen „de Gaulle und Deferre" mit einer Wahl zwischen der Pest und Cholera, welches 1965 der Politiker Pierre Poujade bereits als Qual der Wahl den Bürgern kognitiv zu verstehen geben wollte. Jeder sucht für sich demnach sein eigenes Schicksal und dessen Leid in gewisser Weise mit einem kleinen Entscheidungsspielraum aus.

A dialecticis libera nos, Domine

Befreie uns, Herr, von den Dialektern

De docta ignorantia

Das System

Unser System wurde stetig geändert, verbessert, neu erfunden oder gänzlich abgeschafft sowie ersetzt. Weshalb wir in der Rolle als Person uns auch immer an die neuen Regeln des Systems durch

Gesetz und Ordnung anpassen und informieren müssen. Es ist das stetige Spiel von Kontrolle und Anpassung. Dies ist Abhängig von den Menschen die das Personennetzwerk (System) führen, aufrechterhalten oder ausbauen.

Hierbei ist jeder kleinste Fehler oder jede kleinste Nuance von massivem Ausmaß auf die gesamte Menschheit und darüber hinaus. Deshalb entwirft sich das System an jeder Anpassung und Erweiterung intern und extern immer neu, um mit Technologien, Ideen, Wissenschaft, Entwicklung immer weiter die Kontrolle zu behalten und kein Spielraum des Austritts für die jeweiligen Personen aus dem Personensystem zuzulassen. Hierbei sprechen einige von „Lücken im System". Diese Lücken werden mit jeder neuen Information, Idee oder jedem Gedanken immer vorhanden sein.

Die Systemstrukturen sind über Religionen, Grenzen, Staaten und Organisationen unterschiedlich, jedoch im Kern beruhend auf den gleichen Mechanismen der Kontrolle und dessen Ausweitung, Neutralisierung, Erneuerung, Entfaltung und dessen Wachstum hinaus erbaut.

Die Georgia Guidestones ist eine Art Richtlinien Tafel von einer uralten Welt der folgenden Gruppierungen:

Babylonian Cuneiform – Altes persisches Reich

Egyptian Hyroglyphics – Altes Ägyptisches Reich

Sankrit – Altes indisches Reich

Classical Greek – Altes griechisches Reich

Die Sprachen auf diesen Granittafeln sind folgende:

English, Spanish, Swahili, Hindi, Hebrew, Arabic, Chinese, Russian

Mit folgenden Inschriften auf allen o. g. Sprachen:

1. Halte die Menschheit unter 500.000.000 in fortwährend im Gleichgewicht mit der Natur

2. Lenke die Fortpflanzung weise – um Tauglichkeit und Vielfalt zu verbessern

3. Vereine die Menschheit mit einer neuen, lebenden Sprache

4. Beherrsche Leidenschaft – Glauben – Tradition und alles Sonstige mit gemäßigter Vernunft

5. Schütze die Menschen und Nationen durch gerechte Gesetze und gerechte Gerichte

6. Lass alle Nationen ihre eigenen Angelegenheiten selbst/intern regeln und internationale Streitfälle vor einem Weltgericht beilegen

7. Vermeide belanglose Gesetze und unnütze Beamte

8. Schaffe ein Gleichgewicht zwischen den persönlichen Rechten und den gesellschaftlichen/sozialen Pflichten

9. Würdige Wahrheit – Schönheit – Liebe – im Streben nach Harmonie mit dem Unendlichen

10.   Sei kein Krebsgeschwür für die Erde – lass der Natur Raum – lass der Natur Raum

Dies sind Regeln eines Reiches, welches wir heute immer noch strukturell vorfinden und es soll die Welt im Gleichgewicht von Ordnung und Chaos halten.

Ähnlich wie die 10 Gebote aus der Bibel, sind die oben aufgeführten Gebote nicht für die einzelne „Person", sondern für das gesamte „System" um den Mensch und dessen „Person" in Schach zu halten.

Dieses System wurde auch vom römischen Reich weitest gehend ähnlich angenommen und im hohen Maße perfektioniert mit immer mehr Kontrolle und Einfluss von System auf die jeweiligen „Personen".

Alte und neue Strukturen der Kontrolle

Das Prinzip des Römischen Reiches geht über die Regeln der alten Kulturen hinaus und befolgt das Motto: „Spalte und herrsche." Dies ist ein Motto welches wir heutzutage immer öfter auf alle Bereiche des Lebens übertragen können und Punkt 4 von den Georgia Guidestones widerspiegelt. Hierbei geht es mehrheitlich um das Spalten an sich.

Die Fähigkeit des dritten, welcher sich aus der Spaltung hinaushält aber gewisse Impulse steuert sodass wenn sich zwei streiten, der dritte sich freut und einschreiten kann.

Übertragen in die heutige Welt können wir sehen, dass wir als Personen durch die Kriterien Herkunft, Geld, Rasse, Religion, Bildungsstand, Nationalität, Wohnort, Impfstatus, Gesundheitsstatus und durch viele weitere Muster und Mechanismen stetig in einer

Spaltung der Menschen als Person leben. Das System vermag es, über die Spaltung zu bestimmen und uns einander, gegeneinander und miteinander zu kontrollieren, positionieren, informieren, desinformieren, führen und mit Kontrollmechanismen dennoch im System zu behalten, welches die meisten als Wirklichkeit des Lebens leben und sterben werden.

Die meisten werden nur ein Hauch der Menschlichkeit in all ihren Formen spüren und bis zum Lebensende dies als wahrhaftig annehmen.

Seit 1971 durch den US-Präsidenten Richard Nixon, ist der materielle Goldwert und die damit verbundene natürliche Wertigkeit gänzlich vom illusionären Papiergeld gekoppelt worden. Dies war die Ära des Papierdrucks in illusionärem Maßstab.

Papier ist eine Illusion von Macht und Reichtum, welches die Kontrolle vom System durch Zentralbanken über die Menschen hat. Dies ist ohne jeglichen Wert und der steilen Inflation und Deflation bis zum Ende des Papierdrucks unterlegen.

Im Einklang mit der Industrie 3.0 und dessen Digitalisierung, wird Geld zu mehr als 80 % nur noch in digitaler Form „gelagert" bzw. gespeichert.

Viele stellen sich vor, dass die Banken tonnenweise an Bargeld haben. Dem ist nicht so. Sie haben tonnenweise an digitalen Zahlen für die jeweiligen Personenkonten durch einen Personenvertrag reguliert.

Zusammenfassend zu sagen ist folgendes: Das System ist ein Meisterwerk geschaffen von Menschen mit einem Verstand, welcher die Lebenszeit der Macher überdauert und der Otto-Normalverbraucher niemals komplett verstehen wird.

Geld regiert nicht die Welt, sondern derjenige, welcher es drucken und durch Machtzyklen sowie Mechanismen durchsetzen kann. Ansonsten ist es ein riesiger Zaubertrick der Illusionskunst. Es ist im Großen und Ganzen ein großer Schwindel der Macht, welcher das Geld oder Währungen generell nur als Vorwand nutzen um die Macht und den Wohlstand zu begründen.

Wer den Geldfluss und Machteinfluss versteht, weiß auch, wer an dem aufrechterhalten des Systems beteiligt ist.

Hierbei ist ganz klar zu sagen, dass das System sowohl das Chaos als auch die Ordnung zu beherrschen vermag und ihre Schachfiguren in jeden Bereich positionieren wird oder bereits positioniert ist.

Es geht hier um Führer von Staaten, Gesellschaften, Sekten, Religionen, Kulturen, Geschichten sowie um Wissenschaft, Bildung, Medien, Nachrichten, Informationen, Gedankenspektrum der Masse und um vieles mehr.

Alle Bereiche unterliegen dem System und nicht andersherum. Die jeweiligen, aufgezählten Gegebenheiten sind alle nur ein Mittel zum Zweck für die Kontrolle des Individuums und das Kollektive auf mehreren Ebenen.

Der Kasten der Macht als Person im System

1. Königsfamilien / Adelsfamilien

2. Vereinten Königreiche / Vereinten Adelsfamilien

3. Organisationen

4. Religiöse Organisationen (Kirche, Mosche, Sekten etc.)

5. Weltmacht

6. Staat

7. Land

8. (Dorf, Stadt)

9. Amt (dessen Bürgermeister)

10. Beamte

11. Bürger (Person=untergeordnet dem Personenrecht)

Der Kasten der Macht als Mensch außerhalb vom System

1. Gott (Energie = Bewusstsein, Information, Atome, Licht, (Alles))

2. Alle Lebewesen (Bäume, Tiere, Menschen etc.)

3. Menschen

Sobald der Mensch das System verlässt ist er auch vom System abgekoppelt und befindet sich in der natürlichsten Form des Lebens als Mensch. Sollte der Mensch eintauchen in die Rolle der Person, so hat er sich den Regeln, Pflichten und Verantwortungen des Systems zu fügen.

Oftmals vergessen wir aber die Verantwortungen als Menschen und unsere Aufgabe als Menschen. Sogar unsere Herkunft ist bis heute noch angeblich ein ungelöstes Rätsel.

Viele kennen nur noch die Verantwortung und die Gesetze, Normen der Person. Wir sind jedoch von unserer eigentlichen

Bedeutung her nicht für das System geboren oder sind wir es doch, wenn wir durch Menschen die sich selbst nur noch als Personen kennen und als systemgerechter Personenwunsch in das System geboren werden um den alleinigen Sinn und Zweck des Systems zu leben und in diesem zu sterben.

Wir sind vielmehr als nur eine Person. Das ist hoffentlich jedem nun bewusst. Unser Ziel ist und sollte so viel mehr als nur eine Systemfigur sein. Wir müssen die Welt von heute für morgen verbessern. Dies geschieht mit dem ersten Schritt zu wissen, dass eine Person zu sein, nur eine Option und nicht die Norm ist.

Es ist wie ein Kaffeefilter sowie wir uns klein machen wie winzige Kaffeebohnen und durch die Kaffeemaschine, welche symbolisch das System ist, hindurchfließen. Es sollte jedem klar sein, dass diese Kaffeemaschine - genau wie unser System – durch den Menschen und nicht die Person kontrolliert wird. Das bauen findet meistens durch die Idee die Bohne oder wie in diesem Beispiel, den Menschen als Objekt zu sehen und zu kontrollieren.

Eigentum und Besitz der Person

Sobald man Fremdkapital (Darlehen/Finanzierung) (Schulden) verursacht um Sachgüter zu kaufen, ist man Besitzer dieser. Erst mit dem vollständigen Ausgleich des Wertes ist man Eigentümer des Sachgutes in Person. Dieses Sachgut kann dann in Sachen verhandelt/gehandelt werden.

Sobald ein Mensch eine Person fiktiv einnimmt, ist dieser nur Besitzer dieser Person.

Eigentümer ist das System in diesem Fall der Staat, welcher deine Person im Personenregister mit deiner Personalnummer erfasst.

Diese Person ist an die im Personalausweis festgelegten Personenregeln innerhalb des Personenherkunfts-Registers geregelt.

Die Person kann man als Mensch Besitzen und ist im stetigen Eigentum vom System.

An der Gender Bewegung wird es zum Beispiel ebenfalls sehr deutlich, wenn Menschen sich komplett von der Schublade „Geschlecht" lösen oder dies verändern.

Hierbei wird für den Menschen die Person im Personalausweis mit Namen, Geschlecht und möglicherweise bald in synthetischer Form die Wiedergeburt geändert, erfasst oder neu erschaffen.

Es ist eigentlich eine Art Avatar den wir jederzeit auch unter bestimmten Bedingungen ändern können.

Es werden noch einige mehr Arten unserer personalisierten Lebensform auf uns zukommen, weshalb es essentiell ist diesen Teil des Buches vollkommen nachvollziehen zu können.

In Zeiten von Multidimensionalen Lebewesen und künstlich erschaffenen Lebensformen, werden wir in Zukunft auf immer mehr Cyborgs treffen. Cyborg ist eine Verschmelzung von Maschine und Mensch. Mittlerweile sind Bestandteile von Maschinen schon nicht mehr in unserem Alltag weg zu denken. Sollten wir unser Handy in Form von einem Chip im Körper tragen, sind wir im eigentlichen Sinne dem Transhumanismus beigetreten.

Transhumanismus besagt lediglich die Umwandlung und Modifikation des Menschen und nicht der Person. Da die Technik aber immer mit Patenten versehen ist, ist ein Teil Mensch und der andere Teil Technik. Der Mensch ist nicht patentierbar, die Technik jedoch schon.

Deshalb sollte man sich der Lage des Patentrechts bewusst sein.

Ob und inwiefern hierbei ein Mensch wirklich patentiert werden darf und kann ist rechtlich wahrscheinlich sehr hart umstritten. Eines ist jedoch klar, eine Person unterliegt dem Patent vom System.

Die Person ist eine Sache!

Deshalb wird vor Gericht immer in Sachen verhandelt. Warum handelt man überhaupt in einem Gericht? Es ist ein Handeln deiner Person als Mensch im Rechtsweg des Systems gegen andere Sachen (Personen oder rechtsfähige Sachen).

Als Individuum sind wir reiner Mensch ohne Person.

Es gibt zwei Arten von Menschen laut Definition. Der schöpferische Mensch und der moderne Mensch.

Die Anrede als Mensch – Du

Sofern man zu einem Menschen „Du" sagt, kommt es von dem Wort Individuum individuelles „Du" als Mensch.

Die Anrede als Person – Ihnen & Sie

Sofern man eine Person als „Sie" betitelt, wird hierbei eine Sache/Person ausgesprochen. Sollte man sich hierbei zu erkennen geben, nimmt man eine Person als solches an.

Die Anrede als Person der Gemeinschaft – Wir

„Wir" steht für mehrere Personen, zu denen die eigene personifizierte Lebensform gehört. Für einen Kreis von Menschen, in dem die eigene Person eingeschlossen oder als verbunden ist durch Wahrnehmung oder durch Annahme.

Die höflichen Anreden als Diener

Die Anrede „Herr" zum Beispiel „sehr geehrter Herr" gibt an, dass der Adressat ein „Herrscher" ist. „Herr" kommt von „Herrscher" und aus der Zeit des Menschen als Diener (Diener=Jemand (Mensch). So konnte man den Diener (Sklave, Sache) beherrschen.

Die Anrede „Dame" wird nur als Frau in die weibliche Form der Person abgeleitet und ergibt keine übergeordnete Bedeutung wie bei dem Herrscher. Dies ist der übergeordneten Rolle der männlichen Kraft zuzuordnen.

Lebewesen im Vergleich

Ein weiteres gutes Beispiel sind Tiere. Tiere leben ohne unser System, bis sie zu Haustieren gemacht werden. Andernfalls sind sie freie Lebewesen wie wir als Menschen es eigentlich sind. Durch uns wird das Tier abhängig gemacht und alle Grundbedürfnisse durch uns abgedeckt. Das Tier kennt es nicht anders und denkt es ist die Norm als Haustier zu leben und kennt meist die Wildnis oder das eigene Herkunftsgebiet nicht. Sobald wir als „Person" auftreten, betreten wir das System und agieren Systemkonform als Person mit einer strikten Persönlichkeit.

Vergleiche der Philosophie

Ebenfalls kann dies gut auf den menschlichen Alltag übertragen werden.

Es gibt eine gute Illustration, in der ein Elefant, ein Fisch, eine Giraffe und ein Tiger alle samt schwimmen lernen sollen. Natürlich ist in diesem Vergleich der Fisch am schnellsten mit schwimmen.

Die anderen Tiere haben ihre eigenen Qualitäten und sollten genau das lernen, worin sie auch gut sind. So ist unsere Natur bereits so konzipiert, dass jedes Lebewesen eine individuelle Stärke besitzt.

Wir Menschen haben auch spezielle Fähigkeiten, weshalb wir am Anfang der Schulzeit immer erst Grundlagen lernen um im System klar zu kommen. Meistens werden jedoch die menschlichen Grundlagen ausgelassen, weil das Schulsystem davon ausgeht, dass man dies bereits aus der elterlichen Schule beziehungsweise Erziehung lernt. Erziehung ist genauso ein Lernmechanismus wie es die Lehre einer Schule ist.

Hierbei sind meist die Eltern oder Erziehungsberechtigten die längsten Lehrer, welche die Menschen begleiten. Nach ihnen ist man auch selbst sein eigener Lehrer. Als eigenständiges Lebewesen mit Bewusstsein, versucht man sich ständig etwas Neues beizubringen, zu lernen oder von anderen zu lernen.

Wie bereits erwähnt, ein System ist bis zu dem Zeitpunkt gut, bis die Macht von diesem missbraucht, ausgenutzt oder aufgezwungen wird.

Der Zoo Vergleich

Nimmt man zwei Affen zum Vergleich. Ein Affe ist im Zoo geboren und der andere ist in der Wildnis geboren. Beide sind ihre Umgebung gewohnt und empfinden diese als normal. Beide von ihnen können sich nicht mit der jeweilig anderen Lebensweise identifizieren beziehungsweise haben hierbei Schwierigkeiten im jeweiligen Lebensraum des anderen Lebewesens klar zu kommen. Beide sind von der Gattung Affe jedoch ist einer dieser Affen ein Zoo-Affe und der andere ein Wildnis-Affe. Ob der Affe jetzt seine Natur aus dem Zoo, Labor oder aus der Wildnis hat, weiß natürlich ebenfalls niemand genau so wenig wie wir die Herkunft von unserer Spezies nur spekulieren können.

Fazit aus dem Zoo-Beispiel ist jedoch, dass es verschiedene Unterkategorien gibt und manche immer ohne oder mit System existieren oder koexistieren können.

Ob es dem ein oder anderen Affen nun besser geht oder nicht kann man hierbei wirklich nicht mit Gewissheit sagen. Dies kann man auch gut mit den jeweiligen Menschen vergleichen, welche abseits unserer Zivilisation meist komplett vom System entfernt leben. Natürlich haben sie eine gewisse Abhängigkeit von dem System losgelöst, müssen jedoch für alles was sie wollen selbst arbeiten oder Dinge erfinden, womit sie effizienter leben.

Hierbei muss man fairerweise sagen, dass zum Beispiel der Zoo-Affe wie in dem oben genannten Beispiel, eine sichere Quelle von Grundbedürfnissen und ein Dach über dem Kopf hat. Dies ist jedoch in Abhängigkeit vom Zoo Besitzer und dessen Arbeiter. Ein freier Affe ist auf sich alleine gestellt und verbringt wahrscheinlich den halben Tag mit Nahrungs- und Wassersuche für sich und seine Familie.

Die Mechanik der Kontrolle

Wer denkt, dass es damals schwerer war die Masse zu kontrollieren, hat die Geschichte nur halb bis gar nicht verstanden.

Die Geschichte und die Vergangenheit werden uns durch Bücher und andere Medien meist aus der Sicht des Eroberers geschildert. Sofern man jedoch die Erzählungen aller miteinbezieht, wozu Eroberer, Sklaven, Gleichgültige, Freie, Gelehrte, Krieger, Urvölker und viele mehr hinzugehören, kann man leicht eine Art Muster feststellen.

Kontrolle geht nicht nur aus der Macht hervor, sondern ebenfalls aus Widerstand und Veränderung.

Damals wurden um Land und um Besitztümer gekämpft. Der heutige Kampf geht eher um Daten und Informationen.

Die Zeit vom Kampf durch das Stammhirn ist vorbei, in dessen dich ein Speer oder ein Schwert tötet.

Heutzutage ist es ein Kampf des Großhirns. Wer die Kontrolle erahnt und sie zum Umgehen weiß, kann bestens überleben und sich auch mit der Kontrolle ein schönes Leben erbauen.

Es ist nämlich so, dass die Kontrolle nicht bösartig ist, sondern nur bedingt bösartig, für diejenigen, welche sie nicht wahrnehmen oder verstehen.

Unser Großhirn ist noch relativ neu in Entwicklung und in der Revolution.

Wir besitzen eine natürliche Intelligenz, welche wir anpassen, ändern oder sogar verschlechtern können.

Die Kontrolle in der Zeit, indessen das Buch geschrieben ist beruht ausschließlich auf Informationen, Gesetze, Geld und Daten.

Hierbei sind die Daten mittlerweile das große Ganze, da diese den Grundbaustein für Programmierung, Berechnung und Analytik sind.

Sie können unser Verhalten vorhersagen, ändern, manipulieren, beeinflussen oder aber verbessern.

Dies liegt in der Kraft des Entscheidungsträgers und des Individuums, inwiefern Jemand oder etwas kontrolliert werden kann, darf und sollte.

Kognitive Kontrollmechanismen

Kognitive Kontrollmechanismen finden hauptsächlich in unserem Unterbewusstsein oder in unserem Cerebrum (Großhirn) statt.

Wir werden durch:

- Religion - Politische Einstellung

- Rasse - Wohlstand

- Klasse - Geschlecht

- Sexualität - Nationalität

- Berufung - Impfstatus

- Sprache - Covid-19- Maßnahmen

- Hautfarbe - Likes, Followers, Abonnenten

immer weiter und weiter gespalten. Es gibt immer eine Seite gegen die andere. Der dritte freut sich immer, denn das ist der Staat und dem ist völlig egal welches der Gegebenheiten man hat, solange man gehörig ist und seine Steuern zahlt. Doch für uns Bürger sind die einzelnen Spaltungsfilter anscheinend Grund genug um sich darüber tagtäglich den Kopf zu zerbrechen, zu lästern und die Spaltung für Jahrhunderte aufrecht zu erhalten. Es ist wirklich ziemlich schwer die Filter mit und mit abzulegen. Doch es geht. Wenn man einmal die Spaltungsmechanismen erkannt hat, so kann man daran arbeiten. Wir sind alle genauso gleich wie wir verschieden sind. Wir gehören alle zueinander und sind eine Spezies mit minimalen Abweichungen. Ein Hund wird über alles geliebt und wird Bestandteil von Familien, warum kann das dann nicht ein Mensch der gleichen Menschheitsfamilie genauso sein?

Wir sehen uns selber immer als Feindbilder oder lassen es zu das genau diese Feindbilder aufrechterhalten werden. Schaut man sich mal an wo die Spaltungen stattfinden, sieht man relativ schnell, dass es immer Menschen sind die auch nur um das Überleben in diesem System kämpfen oder sich so gut wie möglich anpassen möchten.

„Wenn der letzte Spaltungsmechanismus gebrochen ist,

fängt das Leben des Menschen erneut an zu erblühen."

Manuel Mendez Fracci

Stockholm-Syndrom

Oftmals enden diese Arten von Kontrollmechanismen in eine Art Massenpsychose wie es oft zu erkennen ist.

Viele Wissenschaftler oder Psychologen bewerten dieses Verhalten mit dem Stockholm-Syndrom. Unter dem Stockholm-Syndrom versteht man ein psychologisches Phänomen, bei dem beispielsweise ein Opfer von Geiselnahmen ein positives emotionales Verhältnis zu ihren Entführern aufbaut. Es kann dazu führen, dass das Opfer von solchen Kontrollmechanismen mit den Tätern sympathisiert und sogar kooperiert. Auf die heutige Zeit zurück zu führen, kann man dieses Syndrom mit der Mehrheit der Bevölkerung vergleichen. Die meisten hassen zum Beispiel die Covid-19 Maßnahmen. Besonders hassen sie das tragen der Masken sowie die Lockdown Maßnahmen, welche zur Isolation führten. Alles wurde durch den Staat durchgeführt. Es stellte sich erst im späteren Verlauf raus, dass die meisten Maßnahmen völlig unbegründet durchgeführt worden. Weiterhin wurden ein Mangel von Krankenbetten mit einem Millionen Zuschuss in den Medien breitgetreten, welches dazu führte, dass im Nachhinein sogar ganze Krankenhäuser geschlossen haben. Selbst die Corona Zahlen sowie die meisten Bilder welche wir in den Medien gezeigt bekommen haben waren große Lügen und Unwahrheiten.

Auch die Nebenwirkungen von diversen, in Zusammenhang mit Corona durchgeführten Experimenten sind bis zu einem gewissen Zeitpunkt totgeschwiegen worden.

Trotz der ganzen Lügen, die unser System möglich gemacht hat, befolgen einige – obwohl sie das System oder Politiker hassen – das komplette Narrativ. Sie springen auf den Denunzierungszug auf gegen ungeimpfte, gegen unmaskierte, gegen Russen, gegen Flüchtlinge und gegen so viele mehr. Fairerweise muss man natürlich auch sagen das auf der anderen Seite ebenfalls gegen die anderen und umgekehrt gehetzt wird oder aber Belustigungen stattfinden.

Es ist ein kognitiver Kampf der nur stillgelegt werden kann, indem jeder seine Spaltungsschubladen aufräumt oder komplett leert, beseitigt.

Wenn jemand diese dennoch hat, dann sollte man sie wenigstens für sich behalten und keine anderen Individuen gefährden oder dessen Leben erschweren. Jeder hat eine andere Sichtweise wie die Welt ist und diese funktioniert. Dennoch sollte man keinem Wesen das Leben unnötig schwer machen.

Indoktrination

Indoktrination wird oftmals mit gehörig und gefügig verglichen. Ein perfekt konditioniertes Individuum, welches keinen Widerspruch leistet und keine Diskussion zulassende Belehrung duldet. Es geschieht durch gezielte und taktisch eingesetzte Manipulation von Menschen durch die gesteuerte Auswahl von Informationen wie es in dem Teil „Medien" beschrieben wird. Es wird dazu eingesetzt um ideologische oder materialistische Absichten durchzusetzen oder um Kritik auszuschalten. Hierbei ist besonders die Belustigung über sogenannte „Verschwörung Theoretiker" oder „Schwurbler" in der heutigen Zeit zu erkennen. Es hat einen großen Effekt auf indoktrinierte Menschen, da dies direkt ein abstoßendes Gefühl verursacht. So werden bestimmte Zielgruppen besonders hervorgehoben und verherrlicht, wie zum Beispiel „Fridays for Future" oder „LGTB" Sekten und auf der anderen Seite Freiheitskämpfer oder Wahrheitsbewegungen konstant degradiert und medial zerstört. Dies gehört zur Indoktrination der Massen.

So wird der Kampf um die Grundrechte als schlecht angesehen und der Kampf gegen Krieg in der Ukraine als gut angesehen. Ist es nicht verrückt? Nein es ist indoktriniert und die meisten wissen es nicht einmal. Sie können nichts dafür und man kann ihnen keine Schuld zu sprechen.

Machiavellismus

Dies ist ein soziales Chamäleon. Es ist eine politische Theorie nach Nicolo Machiavelli. Er war Schriftsteller, Philosoph und vieles mehr.

Sein Buch „Der Fürst" hat diverse Kontrollmechanismen enttarnt sowie für den normalen Menschen verdeutlicht. Nicolo Machiavelli hat Tupac Amaru Shakur inspiriert, welcher sogar eine eigene Bewegung „Makaveli" gegründet hat. Weiterhin war Nicolo Machiavelli Berater von der Medici Familie sowie ein Bekannter von Leonardo Da Vinci, welche zur gleichen Epoche lebten. Adolf Hitler, welcher die Mechanismen von Nicolo Machiavelli ebenfalls studierte und auch im schlechten nutze, war ein großer Fan. Es gibt viele die diesen Mann als Vorbild oder seine Werke benutzten.

Der Machiavellismus besagt, dass das Erlangen oder die Erhaltung von politischer Macht, jedes Mittel unabhängig von Recht und Moral erlaubt ist. Die dunkle Triade ist eine Mischung von Machiavellismus, Narzissmus und der subklinischen Psychopathie. Es gibt bei allen drei Persönlichkeitsmerkmalen einen empirischen Beweis der Überlappung. Es sind meistens hochmanipulative und egoistische Charakterzüge.

Diesen Machiavellismus kann man heutzutage in einigen Strukturen der Macht vorfinden, welche sich im Zuge der

Aufklärung wie ein Chamäleon als Philanthropen in der Gesellschaft tarnen. Dessen wahnsinnigen Ideen bestimmen oftmals den Grad oder die Geschwindigkeit indessen sich unsere Gesellschaft durch Digitalisierung oder durch Modernisierung (physisch und psychisch) ändern soll / wird.

Empirische Evidenz

Empirisch bedeutet per Definition eine verinnerlichte Erfahrung oder Erfahrungswissen, welches auf Grundlagen und auf Ansammlung von systematisch gesammelten Daten basiert.

Im empirischen Verfahren spricht man auch von „Wissen a posteriori und a priori".

A Posteriori bezeichnet das Wissen, jenes von der Erfahrung *abhängig* ist. (Das was nach der Erfahrung kommt).

A Priori bezeichnet das Wissen, jenes von der Erfahrung *unabhängig* ist.

(Das was vor der Erfahrung kommt).

Hiermit wird zum Ausdruck gebracht, dass sich Wissen immer unterscheidet und einmal aus der Erfahrung oder schon bereits vor der Erfahrung verbreiten lässt.

A Posteriori – Beispiel: Ein Mensch verbrennt sich nicht nochmals am Feuer, weil er sich selbst schon einmal verbrannt hat.

A Priori – Beispiel: Ein Mensch verbrennt sich nicht am Feuer, weil er bereits gehört hat, dass mehrere Menschen sich am Feuer verbrannt haben. Er verbrennt sich nicht ohne diese Erfahrung je gemacht zu haben, denn er lernt bereits durch das Erfahrungswissen der anderen.

In der heutigen Gesellschaft gibt es sehr viel Erfahrungswissen, welches wir als bedingungslos richtig erachten. Doch kann man der empirischen Evidenz wirklich immer vertrauen? Im Beispiel von den Coronazahlen und der evidenzbasierten Taktik von Gesundheitsministern, dessen Zahlen sich als höchst falsch entwickelten, kann man eben nicht von einer Glaubhaftigkeit durch Evidenz sprechen. So sind Evidenzen auch oftmals an Macht geknüpft und können allerlei Ergebnis hervorrufen.

Generell ist es jedoch essentiell auf Erfahrungsberichte von anderen zu vertrauen. Dennoch sollte man auch hier immer eine gesunde Vorsicht und Eigenverstand walten lassen. Denn nur so kann man von den sogenannten Blendern, Lügnern, Schurken oder anderen Bezeichnungen dieser Sorte, Abstand sowie Vorsprung im Wissen gewinnen.

Philanthropen

Unter Philanthropie versteht man ein menschenfreundliches Verhalten.

Es wird oft mit Förderungen oder Hilfewerken sowie mit diversen „Foundations" gerechtfertigt oder genutzt. Bestimmte Institutionen oder Vereine, welche Spenden benutzen die Begrifflichkeit gerne um sich als „Guten" auszugeben oder als dieser aufzutreten.

Einer der bekanntesten Chamäleon Philanthropen ist zum Beispiel Bill Gates oder Elon Musk. Sie reden zum Beispiel oftmals von ihren guten Aktionen aber gleichzeitig sind sie auch in Unternehmen investiert, welche zum Nachteil der Menschheit führen werden. Es ist nicht immer alles Gold was glänzt und so muss man heutzutage leider auch Philanthropen genauer unter die Lupe nehmen, bevor man sie in den Himmel hebt. Die Wohltäter wollen oftmals ihren Ruf polieren oder ihr Ansehen steigern. Sie erhoffen sich Dankbarkeit und öffentliche Ehrung.

Die Philanthropie wurde natürlich mit der in der Bibel gepredigten Nächstenliebe verbunden. Doch kann man bei Kapitalisten, welche über Leichen gehen und im Anschluss für ärmere Spendenaktionen durchführen wirklich von guten Menschen reden? Menschen die Aktienkurven von Pharmakonzernen als besonders lukratives Geschäft sehen? Diese Frage kann man sich nur selbst beantworten. Jedenfalls ist hiermit ein Denkanstoß für das einzelne Individuum eingeleitet.

Archaismus

Dies bedeutet eigentlich nur das etwas alt ist und wird oftmals im Zusammenhang von alten Wörtern oder Wortzusammenhängen benutzt. Doch ist der Archaismus auch Grundlage von alten Kontrollstrukturen, welche auch in der heutigen Zeit immer noch Anklang finden. Genauso wie die alte Mode wieder zur neuen Mode wird, so werden auch alte Strukturen immer wieder aufgegriffen und mit neuen Kontrollstrukturen kombiniert oder Verein. Forscht man den Archaismus weiter so findet man oftmals auch andersartige Definitionen oder Wortgebräuche als es uns in der heutigen Zeit vermittelt wird.

Neologismus

„Neo" steht immer für etwas Neues. So werden neue Strukturen oder Neuwörter oftmals mit dem Neologismus eingeführt und verbunden. Dies ist genau das Gegenteil von dem Archaismus. Wahrscheinlich kennt jeder den Begriff Neo-Nazi. Dieser bedeutet vor Allem die Wiederaufnahme von Nationalsozialistischen Spaltungsmechanismen und dessen Gedankengut. Es ist eine Mischung von Neo (neu) und von Nazismus (Nationalsozialismus). So steht der Neologismus im eigentlichen Sinne nicht für eine schlechte Sache, sondern für eine neue Sache. Die Interpretationen sind hierbei sehr vielseitig.

Zynismus

Der Zynismus kommt aus der alt griechischen Philosophie der Kyniker. Kyniker wird vom Begriff Kyon abgeleitet. Es heißt „Hund".

Es ist eine Philosophie des ständigen Hinterfragens (Skeptizismus) und unter anderem die Philosophie der Bedürfnislosigkeit.

In der heutigen Definition findet es eher einen negativen Anklang und wird ebenfalls oft als Spaltungsinstrument für Andersdenkende angewendet, welche nur eine andere Lebensweise oder Weltanschauung haben. Es wird oft als konträr, paradox oder gefühls- und anstandsverletzende Philosophie interpretiert. Doch ist Skepsis und Bedürfnislosigkeit wirklich so schlimm wie es dem Begriff nachgesagt wird? Oder ist es ein perfektes Wort um kritische Menschen sofort in der Gesellschaft, kognitiv „außer Kraft zu setzen" oder „den Wind aus dem Segel zu nehmen"?

Es ist immer wichtig zu wissen, dass das einzelne Individuum nicht komisch oder paradox ist nur weil es manche Sachen kritisch sieht oder auch nicht. Dennoch ist immer das Maß der Kritik entscheidend. Viele driften ins maßlose und dies ist sicherlich nicht gut. Eine gesunde Kritikhaltung jedoch ist überlebensnotwendig.

Man sollte also auch hier immer auf das Maß achten inwiefern man auch seine Weltansicht preis gibt und andere Gefühle eben nicht verletzt. Es gibt immer eine neutrale Haltung welche man annehmen kann.

Konstruktivität wird hierbei besonders gut helfen.

Es ist nie gut zu jemand zu sagen „Du hast unrecht". Man sollte es mit „Du hast teilweise Recht, aber ...

...Ich sehe es ein wenig anders ...oder ... ich finde dieser Teil ist richtig, aber über den anderen müssen wir nochmal diskutieren."

Es ist immer wichtig das man die andere Meinung der anderen Wertschätzt und sich auch in die Haltung oder in die Meinung des anderen hineinversetzen kann. Es ist nie gut zu stigmatisieren und nur seine egozentrische Kritik breit zu treten.

Kognitive Dissonanz

Die kognitive Dissonanz ist ein Spannungszustand des Menschen. Der Begriff kommt aus der Sozialpsychologie und bezeichnet einen als unangenehm befundenen Gefühlszustand, der durch ein Ereignis oder durch eine unvereinbare Wahrnehmung Kognition entsteht.

Es ist eine Art Selbstüberredung und auch ein Selbstschutz um das Gehirn nicht mit dem Denken zu überlasten. Es werden

Informationen zugunsten des Betroffenen ausgelegt, sodass diese Person sich beispielsweise nicht mehr schlecht fühlt. So wird oft zum Beispiel, wenn eine Person der anderen fremd geht, dieses unvereinbare Ereignis in eine erklärbare Wahrnehmung durch das Individuum umgewandelt, sodass dieses Fremdgehen aufgrund der erstellten Wahrnehmungen erklärbar oder geduldet wird. Dies passiert auch täglich in unserem Alltag. Im Vergleich zur Kognitiven Resonanz, resonieren wir wie im Sprichwort „Wie du in den Wald rufst, so schallt es heraus". Es folgt demnach eine Aktion und darauf eine Reaktion. In der Kognitiven Dissonanz ist es anders. Hierbei findet eine Verschiebung der Informationen statt, sodass man in ein Märchen des Gefühlszustandes eintritt. Genauso wie man sich das krumm und schön gebogen hat.

Verweilt man in dieser Haltung so lebt man fern ab von der Wirklichkeit in seiner kleinen Realität. Wir kennen es alle vom Coca-Cola eingeführten Weihnachtsmann oder vom Eier suchen des Osterhasen. Es sind ebenfalls Märchen, welche wir uns in unserer Wahrnehmung schönreden, diese aber in der Kognitiven Resonanz völliger Schwachsinn und Märchen sind.

Die kognitive Dissonanz wird oft von „aufgewachten" gegenüber den „Schlafschafen" (diejenigen, welche die Absicht des globalen Narrativen, nicht erkennen) benutzt. Zu diesem Narrativ zählt vor Allem das patentieren des homo sapiens sapiens und das Ziel des Transhumanismus. Im Prinzip ist es die Verknüpfung von Menschen und Maschine, welches natürlich sehr real ist und im späteren Verlauf deutlich erklärt wird.

Dies jedoch als Spaltung zu benutzen und sich über den anderen lustig zu machen, dass er ein Schaf sei ist genauso wenig zielführend wie die Gegenseite die andere Seite als „Verrückte" oder „Verschwörer" bezeichnet. Letzen Endes freut sich wieder der Dritte wenn sich zwei streiten, denn das ist der Staat. Man sollte aufeinander zugehen und verschiedene Ansichten auch möglicherweise mit Belegen untermauern. So wissen viele nicht von Informationen des anderen und umgekehrt.

Wahrscheinlich hat sich jeder bereits einmal oder mehrmals im Leben in der kognitiven Dissonanz befunden und sich diverse Gegebenheiten schöngeredet. Dies ist auch nicht immer nur negativ, sondern man kann dann auch mal das sogenannte „abschalten" einleiten. Doch auch hier gilt, dass man nicht alles abschalten und ausblenden sollte sondern man auch die Wachsamkeit einschalten sollte, sobald das Bauchgefühl einem sagt, dass etwas nicht richtig oder falsch läuft.

Die Kognitive Dissonanz der Menschen wird jedoch leider konstant ausgenutzt und der Geduldspfaden jedes Mal aufs Neue auf die Probe gestellt. So werden Spritpreise angehoben, Impfpflichten, Lockdowns oder Maskenpflichten eingesetzt oder aber andersartig Toxine in Lebensmitteln, Aluminium in Deosprays oder Fluorid im Trinkwasser sowie in Zahnpasta weiterhin durchgeführt. Hierbei wird bei der Bevölkerung immer die Dissonanz Haltung eingeleitet.

Folgende Aussagephänomene konnten in einem sozialen Versuch beobachtet werden:

- Sie kontrollieren doch sowieso schon alles.

- Ach, wir werden doch eh schon vergiftet ein bisschen Ethylenoxid, 2-Chlorethanol oder Nanolipide gehen dann auch noch.

- Sie überwachen und wissen sowieso schon alles von uns ist doch egal.

- Sei keine Lusche und mach es einfach.

- Wir werden doch sowieso vergiftet, ich habe keine Zeit mich damit zu beschäftigen.

- Ich bin gegen Genmanipuliertes Essen aber ich lasse mir mRNA spritzen und bin Teilnehmer eines Genexperiments am Menschen, weil der Fernseher sagt, dass es eine normale Impfung sei und diese notwendig ist. (Paradoxität auf hohem Niveau)

Es ist ein stetiges verdrängen. In unserer Wahrnehmung ist es möglicherweise dann weg doch es ist leider die Wahrheit und es wird nicht unbedingt besser mit einem solchen Verhalten.

Man kann auch nur bis zu einem bestimmten Grad in die Kognitive Dissonanz verfallen, bis die sogenannte „Reisleine" (der Geduldspfaden) platzt. Genau bis hierhin und weiter geht die Regierung und somit auch das System. Sie wollen die Grenzen setzen, testen und natürlich ihre Grenzen überall abstecken.

Solidarität

Eine Solidarität wird oftmals im Einklang mit Nächstenliebe oder dem Mitgefühl für andere Länder verwendet, um ein Zusammenhalten mit gleichen Anschauungen zu vertreten oder zu verdeutlichen.

Solidarität wird oftmals genutzt um eine Gruppierung und eine gewisse Kollektive Bewegung voran zu treiben. So wird Solidarität für die Kosten der Deutschen Einheit von damals oder für diverse Bewegungen missbraucht. Auch die Solidaritätssteuer liegt uns seit Jahren im Geldbeutel obwohl sie normalerweise für nur ein Wirtschaftsjahr angedacht war.

Solidarität wird leider oft sehr stark ausgenutzt um Narrative oder Ideologien bis ins endlose in der Massenpsychologie einzusetzen und die Indoktrination zu perfektionieren. So wird die Solidarität mit der Ukraine zum Beispiel mit Fahnen, Karnevalszügen und in den Köpfen der Menschen breitgetreten. Sie wird durch Hashtags und in sozialen Medien komplett verherrlicht und gleichzeitig werden aufgespießte Russland Flaggen in Karnevalszügen in Köln, Deutschland bejubelt und gefeiert. Im gleichen Zuge muss man einem afghanischen Kind erklären, warum es für die Ukraine eine solidarische Bewegung gibt und für Afghanistan eine feindliche sowie unbegründete Terrorwarnung stattfindet. Man muss also diesem Kind erklären, dass Ukraine zum Bündnis der Nato und zu Europa gehören. Sie sind der Freund und Afghanistan vermutlich der Feind. Genauso wie Russland und dessen russisch abstammenden Menschen nun das Schicksal der Feindseligkeit erfahren.

Solidarität ist keine Einbahnstraße und sollte so nicht genutzt werden.

Solidarität ist nicht für einzelne Gruppierungen, sondern sollte als Menschlichkeit ausgelebt werden. Wir sollten alle Menschen und einander solidarisch sein, denn dann gibt es sogar Frieden. Wer hätte es gedacht!

Leider wird die Solidarität oftmals in der Massenpsychologie als Spaltungsinstrument benutzt.

Physische Kontrollmechanismen

Zu den physischen Kontrollmechanismen gehören Masken, wie sie zum Beispiel bei Sklaven in der damaligen Zeit benutzt wurden, damit sie auf dem Feld auf dem sie arbeiteten keine Pflanzen oder Früchte essen konnten.

Masken waren dazu da um den Sklaven zu unterdrücken und eine Gewisse macht zu demonstrieren. Masken werden auch heutzutage noch zur Kontrolle der Bevölkerung benutzt. In den heutigen Masken sind zum Beispiel Stoffe drin wie zum Beispiel Ethylenoxid, welche gefügig machen oder einen gewissen Nebel im Kopf verursachen können. Weitere Physische Kontrollmechanismen sind Zugangskontrollen, wie es immer mehr in unserem Alltag implementiert wird. Wie in einem Schlachthof das Schlachtgut markiert und gescannt wird, damit es den Zugang zum Schlachthof vom Futterhof erhält so werden wir wie Steuertiere in die Steuerkonsumgesellschaft umher geschoben. Es ist ein Kontrollmechanismus der bereits in China funktioniert. Doch wie sehr ist das noch menschlich?

Ausgrenzungen aus der kognitiven Spaltung heraus, finden hauptsächlich physisch oder während der Digitalisierung auch im Internet statt. Bestimmte Gruppen werden ausgeschlossen oder ausgegrenzt. Das neu moderne Wort hierfür ist wahrscheinlich „Mobbing".

Die physischen Kontrollmechanismen haben im Zuge der Digitalisierung abgenommen und die kognitiven Kontrollmechanismen stark zugenommen.

Die stärkste Waffe – Der Verstand

Wenn wir ehrlich sind denken wir bei Waffen immer an physische zerstörende Gegenstände. Doch was ist eigentlich mit psychischen Waffen?

Die stärkste Waffe ist jedoch der Verstand und unser Gehirn. Hieraus entstehen Ideen, Wissenschaft, Entwicklung und leider auch physische Waffen.

Unser Verstand ist die am meisten beherrsche und gleichzeitig unbändigste Waffe auf der Welt. Wir können Destruktion und Konstruktion hiermit erschaffen und einleiten.

Die hohe Kunst ist es seinen Verstand zu beherrschen und diesen nicht von äußeren Umständen beeinflussen zu lassen. Es gibt viele Mechanismen und Wege in der heutigen Zeit, die genau dies mit unserem Unterbewusstsein tun.

Unser Bewusstsein kann diverse Vorgänge wahrnehmen. Leider kann unser Bewusstsein die Dinge, welche unser Unterbewusstsein beeinflussen nur schwer in der heutigen Gesellschaft ausblenden oder filtern.

Wir sind überschüttet mit politischer Werbung, Konsumwerbung, Reklamewerbung, Plakaten, Schriften auf Bussen, Fernsehwerbung, Pop-Up Werbung im Internet, Smalltalk Werbung durch Menschen und durch viele weitere Faktoren.

Die psychologischen Waffen, welche es vermag ganze Gruppierungen zu formen, lenken und zu spalten ist seit Jahrhunderten immer weiter perfektioniert und auch eingesetzt worden. Sogar heute, wenn du diese Zeilen hier liest, wird diese in Massenabfertigung durch Gedankenkontrolle und Konsumsteuerung ausgeführt.

Der groß Konzern Amazon kann zum Beispiel aufgrund des Kaufverhaltens, welches durch Analytiker bewertet wird, genaustens sagen wann jemand schwanger ist oder teilweise sogar in welchem Monat diese Person bereits schwanger ist. Weiterhin kann man am Kaufverhalten die Intelligenz einer Person feststellen. Durch die Nahrung die ein Mensch kauft, kann man erkennen ob diese Person die dort grade kauft sich mit Ernährung auskennt. Weiterhin kann sogar mit den passenden Artikeln die der Konsument kauft eine Analyse erstellt werden, wieviel Pestizide oder Vitamine eine Person durch den entsprechenden Konsumkauf erhält. Dies kann natürlich durch Tracking-Apps oder Diät Apps perfektioniert werden. Dies sind alles Datenkraken, welche es noch leichter machen unser Kaufverhalten oder andersartiges Verhalten zu analysieren, bewerten und zu manipulieren.

Supermarktketten wie zum Beispiel Aldi und Lidl, ändern sogar ihr Sortiment entsprechend von Gängen wie die Konsumenten die Läden betreten, sodass ihr Kaufverhalten hier ähnlich manipuliert sind und sie aufmerksam auf ein Angebot oder ähnliches werden.

Die Manipulation der Menschen geht jedoch über das Kaufverhalten deutlich hinaus. Es gibt viele Manipulationsmechanismen wovor einige Wissenschaftler schon seit langem gewarnt haben.

Zur Manipulation der Gehorsamkeit gibt es auch ein Experiment, welches "Milgram-Experiment" genannt wird und vom Psycholog Stanley Milgram durchgeführt sowie entwickelt worden ist.

In diesem Experiment geht es hauptsächlich darum ein Individuum seine Autonomie (Selbstbestimmung) vollständig zu brechen. Ein wirklich sehr trauriges Experiment, welches verdeutlich wie stark und wie zerbrechlich unser Verstand sein kann. Wir sollten unsere Autonomie nie von anderen Einflüssen bestimmen lassen und unser Selbstbewusstsein gezielt trainieren, sodass niemand dies so leicht brechen kann. Der Einfluss von außerhalb und unser Umfeld können uns zum Blühen oder verwelken bringen. Hierzu muss man jedoch sagen, dass unsere Autonomie nie auf Dauer gebrochen sein wird, sondern sie sich immer neu findet, da unser Körper eine biologische Maschine des Überlebens ist. Eine Autonomie ist mitunter das wichtigste der Menschlichkeit.

Wir können unsere Autonomie sehr gut trainieren.

Es gibt zum Glück heutzutage nicht nur etliche Manipulationen und Strategien Menschen zu steuern und zu kontrollieren, sondern auch gezielt Trainingsprogramme oder Anleitungen wie man eine solche Kontrolle erkennt und spielend vermeiden kann. In dem sehr bekannten Experiment von Solomon Ash und Stanley Milgram geht es nicht nur um die Tendenz der Mehrheit zur Konformität und Gehorsamkeit, sondern es geht hier auch um Lösungen oder um das Bewusstsein für die Autonomie in seiner eigenen Menschlichkeit. Wir können gesellschaftliche Kontrollen mit einer erhöhten Autonomie komplett lösen und immer wieder zu unserer eigenen Macht zurückfinden. Manche können dies besser als andere. Hierbei geht es vor Allem um ein mentales Training um jede kognitive Schranke zu brechen und sich von Schranken generell zu lösen, sofern dies möglich ist.

„Je höher die Autonomie eines Menschen fortgeschritten ist, desto strotzender ist der Mensch, Herrscher über seine eigene kognitive Freiheit."

Manuel Mendez Fracci

Der Begriff Normalität

Der Begriff „Normalität" ist einer der mächtigsten Werkzeuge. Normal zu sein wünschen sich viele, doch manche wollen auch „anders" sein.

Viele schämen sich anders zu sein und nicht normal sein zu können.

Die Definition von Normal ist wie folgt:

Mit besonderer Genauigkeit hergestellter Maßstab, der zur Kontrolle für andere verwendet wird

Wie die Definition bereits erahnen lässt, dient der Begriff zum Maßstab für Kontrolle anderer. Dies heißt eigentlich nichts anderes wie ebenfalls eine Gleichschaltung vieler Individuen zu einem ähnlichen Entscheidungsrahmen, Lebensrahmen, Entscheidungs-maßstab, Lebensstandard oder ähnlichem.

Komischerweise definiert jeder Mensch den Begriff Normalität anders. Eigentlich kann dies keiner wirklich oder genaustens erklären. Weil jeder eine andere Art von Wahrnehmung in Bezug auf die Normalität hat.

Dennoch sollten es jedem klar sein, dass Normalität keine Realität darstellt.

Ein Normaler entspricht einfach nur der Norm. Der Norm Person oder unter anderem auch der Norm Mensch. Diese Norm wurde durch die bereits erwähnten Kontrollmechanismen genaustens festgelegt.

In diesem Sinne schämt euch nicht, wenn ihr nicht der Norm entsprecht. Denn der Maßstab für die Norm wurde nicht von einer Norm erbaut.

Auch die Welt wie sie ist, besteht meistens nur aus den Ideen der Andersdenkenden und eben nicht aus der Norm die meist nur einen bestimmten Maßstab wiedergibt.

Monotonie vs. Autonomie

Es ist wie ein Kassettenrecorder der jeden Tag die gleiche Kassette rauf und runter spielt, bis diese Kassette alt und gebraucht und wieder aufgerollt oder erneuert werden muss. In der Norm entsprechend kann alles und jeder durch jemanden ersetzt oder ausgetauscht werden.

Hierbei muss man verstehen, dass derjenige welcher den Maßstab für die Norm erbaut hat, der Erfinder des Kassettenrecorders im übertragenen Sinne ist. Es gibt Menschen die spielen die Rolle eines Kassettenrecorders und können möglicherweise die Wiedergabe der Kassetten lenken oder zum Beispiel Kassetten einfach mit einer neuen ersetzen oder sie aufspulen.

Wir sind jedoch weder Kassetten noch Kassettenrecorder. Wir sind Individuen, welche gemeinsam nicht in Monotonie, sondern in

Autonomie wachsen.

Unser Verstand kann so viel bewirken, statt nur das wiedergeben eines vorgeschriebenen Lebens.

Unser Leben ist nicht vorgeschrieben. Es ist genauso wie wir es selbst in die Hand nehmen. Wir können uns und unser Leben selbst bestimmen, selbst lenken und selber jeden Tag neu kreieren.

Monotonie ist erst dann gut um Kreationen aus der Autonomie bestehen zu lassen, sodass diese ausgeführt werden durch die Norm. Sofern man sich nun die reichsten Menschen der Welt anschaut, erkennt man schnell, dass sie Anders leben als es die Norm tut. Nur wer anders ist kann auch aus der Norm herausstechen und meist der Mensch sein, welcher man bedingungslos sein möchte.

Wer beides beherrscht und sich beiden bewusst ist, kann mit beidem gut klarkommen.

Das hinein Zoomen in die Monotonie und das heraus Zoomen in die Autonomie verleiht es dem Menschen ein effektiveres Leben zu führen.

Oft ist es die Norm die uns ablenkt gleich zu sein und die Andersartigkeit die uns anzieht besser, schneller, größer, gechillter, ruhiger oder effizienter zu leben.

Die Norm sollte nicht als etwas Böses betrachtet werden. Vielmehr eher als Möglichkeit und Ergänzung für ein Sprungbrett zum Individualismus.

Dies ist besonders bei starker Automatisierung eine Notwendigkeit.

Die Automatisierung ist komischerweise ein Gegenspieler von der Norm. Der Maßstab der Norm kann durch Automatisierungen gekürzt werden oder sogar komplett an Bedeutung verlieren, sodass durch neue Automatisierungstechnik auch die Normalität sich ändert. Denn dieser Maßstab ist ebenfalls im stetigen Wachstum oder Ausbau in Bezug auf Trends und Neuigkeiten. Hierbei muss die Normalität immer definiert werden, sodass Neuigkeiten immer zuerst zentralisiert werden, bevor sie es in die Dezentralisierung schaffen.

Der eigentliche Gegensatz Heteronomie

Der Eigentliche Gegenspieler der Autonomie ist die Heteronomie. Ob der Begriff „Hetero" hierbei eine Rolle spielt oder hiervon abgeleitet ist, kann man nur vermuten. Heteronomie wurde durch den berühmten Künstler Immanuel Kant im Sinne der Willensfreiheit bekannt und gebraucht.

In der Heteronomie ist vor Allem eine Fremdbestimmung gemeint. Diese kann auch selbst gewählt werden. Dies bedeutet schlicht eine Abhängigkeit von fremden Einflüssen und muss nicht immer etwas Schlechtes sein. Dies kann zum Beispiel auch der einfache Ablauf der Lebensmittelketten sein, sodass eine Person seine Grundbedürfnisse befriedigen kann. Dies ist zwar durch einen fremden Einfluss, hat jedoch einen direkten individuellen Nutzen.

Außerordentlich und ordentlich

Man kann nicht außerordentlich sein, wenn man nur ordentlich ist.

Demnach muss man auch mal selber etwas aus der Ordnung heraus machen und eine eigene Kreation schaffen. Nicht nur immer nach Rezept kochen, sondern auch mal derjenige sein, welcher das Rezept selbst herstellt und ein neues Gericht zaubert. Wir brauchen in der heutigen Gesellschaft vielmehr außerordentliche als ordentliche Menschen. Hiermit erreichen wir einfach wahnsinnig vielmehr Erkenntnisse und Möglichkeiten. Wir kommen vielmehr zu Erneuerungen und weniger zu Stigmatisierungen. Das Ordentliche ist für viele auch gut und bietet halt oder Struktur. Viele verlassen sich auf die Ordnung und müssen möglicherweise weniger nachdenken über diverse Prozesse, welche bereits geschaffen sind.

Das Außerordentliche jedoch ist essentiell um möglicherweise auch aus der Ordnung heraus etwas effizienteres für die Ordnung zum Beispiel zu schaffen.

Die Menschheit braucht sowohl das Ordentliche als auch das außerordentliche.

Es ist völlig notwendig, wenn sich beides ergänzt sowie verbessert.

So wird man im gleichen Zuge als Schüler mit außerordentlichen Leistungen innerhalb eines Systems gefeiert und gut benotet, dennoch aber als außerordentlicher außerhalb der Systemnorm abtrünnig behandelt. Im gleichen Kontext ist die Ordnung ein zweiseitig schneidendes Schwert, welches immer nur dann zum Spalten bereit scheint, wenn die Ordnung und der Bestand des Systems eingetrieben und verbessert werden. Es folgt immer eine Übereinstimmung beziehungsweise eine Verflechtung von Ordnung und System.

Medien 1.0

Information zum/für/zwischen Menschen

Der Begriff Media kommt aus dem griechischen und wird von der Göttin Medea abgeleitet. Medea war die Göttin der Illusion.

Viele verwechseln Medien mit einer Wahrheit oder angelehnten Wahrheit wie zum Beispiel in einem Lexikon. Dort gibt es Informationen die möglichst wahrheitsgetreu stattfinden müssen, sowie im eigentlichen Sinne nur des Informationsverständnisses dienen. Ähnlich ist es auch mit dem Duden oder andersartigen Informationsliteraturen.

In den gängigen Nachrichten – durch die Medien herausgebracht – wird nicht nur Information, sondern auch Werbung, Desinformation, Manipulation mitgeteilt. Hierbei ist es legitim, wenn das Bewusstsein des Individuums nicht in Stande ist beides zu unterscheiden.

Weiterhin sollte man Nachrichten (gerichtete und interessengebundene Informationen) nicht mit Informationen (generelle wahrheitsgebundene Informationen) verwechseln.

Es ist unerlässlich, wenn man sich bewusst ist, dass das Wort „Medien" vom Wort „Medium" stammt. Das Wort kommt aus dem alten Griechischen und bedeutet Mitte oder Zentrale. Hierbei geht es vielmehr um die psychologische Mitte, die Zentrale die versucht aus dem „Medium" der Information aus einer kontrollierten, gesteuerten Quelle, die Massen als „Medien" in Gleichschaltung von Individuum zum Kollektiv zu beeinflussen. Medien sind Maschinen der gesellschaftlichen Vernetzung und vernetzen unsere natürliche Intelligenz.

Für manche sind die Medien als vorerstellte Realität die Wirklichkeit, für andere sind sie strikt eine Lüge.

Medium ist ein kognitives Tor unseres Verstandes, welches in sich eine bestimmte Energie durch die Form der Gleichschaltung als Information hineinlässt.

Vor Allem kann man sich mit seinem Bewusstsein vor falschen Informationen schützen oder durch sein Bauchgefühl entscheiden was wirklich der Richtigkeit entspricht oder einfach als Fehlleitung und Fake interpretiert werden kann.

Diese Form von Medien werden meist durch Zeitung, TV, Radio etc. ausgestrahlt, in dessen Prozess meist die eigentlichen recherchierten Informationen „kanalisiert" oder „gefiltert" werden. In YouTube heißt zum Beispiel nicht umsonst das Dashboard für die Zuschauer „Kanal". Hierbei geht es um kanalisierte Informationen vom Ersteller, welches weder Wirklichkeit noch Realität bedeuten müssen. Das gleiche Prinzip ist mit großen Medien Konzernen. Sie sind nicht gezwungen die Wahrheiten zu verbreiten und haben einen immensen Spielraum die Informationen durch Filter zu entscheiden, welche sozialen, politischen, wirtschaftlichen oder ähnlichen Interessen unterlegen sind.

Soziale Medien (Medien 2.0)

aus/zum/durch den Menschen

Diese Form von Medien sind durch die Industrialisierung 3.0 mit dem World Wide Web entstanden. Es sind Plattformen, welche wie der Name schon sagt „formen". Sie formen die sozialen „Medien" - sprich die Masse an Menschen. Sie formen Gedanken, Wünsche, Ziele und Vorbilder und können neue Bedürfnisse schaffen.

Sie formen nicht nur uns als Individuum, sondern auch wie wir mit anderen interagieren oder wie wir unser komplettes Leben gestalten.

Soziale Medien leben von unseren Daten und unserem Content.

Sie erstellen ein Netzwerk an Daten von unseren medizinischen sowie von unseren weiteren Daten die wir durch die Technik preisgeben.

Hierzu gehören Herzfrequenz, Blutdruck, Schrittanzahl, Name, Geburtsort, Straße, Alter, Hobbys, sexuelle Ausrichtung, Herkunft, Religionsausrichtung und viele weitere Daten, welche analysiert und bearbeitet werden können.

Die interessantesten Daten sind unsere Gesundheitsdaten sowie unsere Konsumdaten. Hiermit kann eine Wirtschaftlichkeitsberechnung für den einzelnen Menschen individuell berechnet werden.

Wir bekommen Lohn und müssen Steuern bezahlen, welche man anhand von Berechnungen zuordnen und auswerten kann. Hierbei kann man genaustens den Break-even Point von Einzahlung in den Menschen durch die Arbeitskraft sowie die Rückzahlung durch den Menschen in die Wirtschaft durch Gebrauchsgüter, Verbrauchsgüter oder viele weitere berechnen.

Die sozialen Medien haben es besonders auf die Daten, welche uns miteinander verknüpfen und welche uns verbinden abgesehen.

Diese sind essentiell für Strukturen innerhalb des Volkes zu analysieren, Trends schnell zu erkennen und bestimmte Zielgruppen besonders anzusprechen, zensieren oder zu erreichen.

Die soziale Medien 2.0 verbinden zum ersten Mal die kognitiven Entscheidungen der Menschen mit der Konsumentscheidung und können diese bewusst steuern. Dies passiert relativ intelligent, weil solche Medien genau wissen, welcher Content länger angeschaut wird oder der individuellen Person zusagt. Demnach kann ein Konsumprofil genaustens auf jede Person zugeschnitten werden.

Das Konsumkonzept ist sehr erfolgreich und alleine durch eine Analytik kann hier das Konsumverhalten und der Konsumfluss bestimmt werden.

Nun ist es so, dass auch unsere Gesundheitsdaten digitalisiert werden sollen und man ein Gesundheitsprofil für jeden individuell erstellen kann. Hiermit kann man Krankheit sowie medizinischen Bedarf individuell bestimmen und steuern. Dies wurde durch die Krankenkassen zwar schon weitaus gut durchgeführt jedoch wurde hier nicht bewusst Medizin im großen Stil durch Plakate und Werbung durch Influencer etc. geworben. Die Werbung mit medizinischen Produkten unterliegt einer strengen Gesetzlage.

Zusammenfassend geht es um Gesundheitsdaten, Sozialdaten, Konsumdaten und Wirtschaftlichkeitsdaten.

Zu den Gesundheitsdaten gehören vor Allem Daten, welche in dem Körper selber sind. Hierbei geht es Gene, Blutwerte, Stammbaumdaten, Genome und viele weitere Gesundheitsdaten. Es wird bereits an einer Genomdatenbank gearbeitet, welche alle DNA-Daten zum Beispiel durch ein Verfahren wie dem PCR Test aufnimmt und speichert. Hiermit konnten im Jahr 2019-2022 von mehr als 50 % der Menschen auf der ganzen Welt in eine Datenbank aufgenommen werden. Hiermit kann man Gensequenzen, Krankheiten, Stammbäume und Blutlinien von allen Sorten erkennen, verarbeiten und modulieren.

Die DNA ist der Schlüssel von vielen Lebewesen, dessen Komponenten bei jedem Menschen unterschiedlich sind. Es sind die vertrautesten Daten die ein Mensch haben kann, denn dieser Code entschlüsselt unseren kompletten Mechanismus.

Datenschutz – Datensicherheit

Private Informationen (Mensch, Person)

Daten sind meist auf Zahlen oder auf Buchstaben beruhende Werte zum Ermitteln, Beobachten oder Messen einer Person oder eines Gegenstandes.

Man sollte mit diesen Daten nicht leichtfertig umgehen, denn im Vergleich zum Datenschutz der persönlichen Daten, geht es hier um die menschlichen Daten der Bio-Matrix. Wie zuvor schon erwähnt, unterscheidet man hier wieder von menschlichen Daten und von systemrelevanten Daten („persönlichen Daten"). Die persönlichen Daten unterstehen dem Datenschutz, welcher seit ca. 2018 innerhalb der Digitalisierung seinen vollen Anklang findet, sodass jedes Unternehmen verpflichtet ist eine Datenschutzerklärung von der jeweiligen Person unterschreiben zulassen. Weiterhin gibt es Cookies oder Bedingungen (AGB) auf Internetseiten, welche jemanden mit einem Haken bestätigen lassen, dass diese Unternehmen die persönlichen Daten verarbeiten können.

Bei medizinischen Daten und bei menschlichen Daten ist dies jedoch anders. Medizinische Daten unterliegen einem Eid. Jeder Arzt schwört einen Eid in Bezug auf sein Medizin Studium. Hieraus resultieren die besondere Vertrautheit und Schweigepflicht desjenigen, welcher den Eid leistet sowie die Daten verarbeitet und weiterreicht.

Menschliche Daten ist das höchste Gut der Daten und die wahrscheinlich bisher schwierigste Messbarkeit für Datenanalysen, da der Mensch ein Komplexes Geschöpf ist.

Zu den menschlichen Daten gehören alle Daten, welche den Menschen als Individuum ausmachen. Hierbei ist unser Gen Code und die damit verbundene Gensequenz heilig.

Biometrische Daten

Weiterhin sind zum Beispiel mit dem Fingerabdruckscan oder mit der Gesichtserkennung schon im weiten Umfang unsere Biometrischen Daten in diversen Datenbanken gespeichert.

Nicht umsonst kann man ein Handy mit einem Fingerabdruck oder mit einer Gesichtserkennung entsperren. Genauso wie beim Erstellen eines neuen Passes werden die Biometrischen Daten in einer Datenbank gespeichert. Dies passiert alles legitim, meist mit Einverständnis. Diese Daten lassen Systeme die jeweiligen Personen mittels Gesichtserkennung und Fingerabdrücken jederzeit erkennen und setzen der Kontrolle von Personen nichts mehr in den Weg.

Weiterhin ein großes Thema ist die Standort-Analyse mittels Smartphones. Hierbei kann man genaustens Verhaltensmuster und Ortschaften auswerten, sodass man genaustens weiß, wo die jeweilige Person sich am liebsten, am längsten oder am wenigsten aufhält. Es kann analysiert werden ob man eher ein introvertierter Mensch ist und nirgendwo hin geht und sich häufig zuhause aufhält oder aber ob man ein extrovertierter Mensch ist, welcher sich öfter unter Menschen und in Gesellschaft aufhält, sowie viel unternimmt.

Apps wie „Instagram", „Snapchat" sowie „TikTok" haben es möglich gemacht fast die ganze Welt mittels Gesichtserkennung in eine Datenbank zu speichern. Weiterhin auch deren Umgebung und Wohnraum zum Teil. Dies alles ist ein digitales Profil. Auch den normalen Internet Zugang betreten wir mit einer bestimmten e-Adresse (IP-Adresse), welche sich direkt mit uns als Person oder Haushalt verbinden lässt, sofern man keine VPN Verschlüsselung hat oder einen Browser wie zum Beispiel Tor verwendet.

Covid-19 Maßnahmen und dessen Analysen

In der Covid-19 Phase vom Lockdown konnte somit genaustens analysiert werden, welche Personen besonders systemkonform sind oder welche sich den Verordnungen der Lockdownpolitik widersetzen.

Über den Standort – wenn auch nur geheim – hätte/hat man theoretisch die Möglichkeit gehabt, dies zu kontrollieren und diese Personen zu analysieren.

Man konnte ebenfalls durch die strikte Durchführung erkennen, wer sich regelmäßig testen geht oder aber zum Beispiel regelmäßig Boostern geht.

Restaurant besuche, Kino Aufenthalte, Einzelhandel besuche und viele mehr Maßnahmen, welche nur für die „systemkonforme Mehrheit" bzw. der mit mRNA geimpften Personen oder mit PCR getesteten Menschen besucht werden durfte.

Hierzu kommt dann noch der QR-Code, welcher auch in dem Milgram Experiment verwendet wird hinzu.

Der QR-Code hat eine entscheidende Funktion und ist die Schnittstelle für Person und dessen Personeninteraktion, sodass möglichst viele Daten ausgelesen, berechnet und weitergegeben werden können.

Natürliche Intelligenz & Künstliche Intelligenz

Doch nicht nur Anhand solcher Daten ist es einfach, bestimmte Personen, dessen Merkmale oder medizinische Gegebenheiten festzustellen. Es gibt ebenfalls viele Algorithmen in den jeweiligen Suchmaschinen wie z.b. bei Google die eine äußerst umfangreiche Algorithmus-Interessen Analyse der jeweiligen Person erschaffen können und hierauf gezielte Key-Frames einbauen.

Zusammenfassend ist hier zu erwähnen, dass nahezu fast alle Daten der Personen und der menschlichen Wesen gespeichert sind.

In der nächsten Phase der Daten, geht es nicht mehr um Daten-verarbeitung als solches, sondern um die aktive Nutzung der gesammelten Daten um damit etwas zu erschaffen wie zum Beispiel ein Metavers oder eine künstliche Intelligenz, welche Interaktionen und soziale Muster von der ganzen Menschheit gespeichert, integriert und in einer Cloud abrufbar hat.

Die Industrialisierung 4.0 wird es als Ziel haben, alles und jeden zu verbinden und kontrollieren zu können.

Hierbei ist nicht nur der Mensch im Vordergrund sondern auch das Wetter, die Tiere, die Natur und sogar die Bio-Matrix von den Lebewesen und dessen Genome.

Die Automatisierung und Robotisierung wird die Zukunft maßgeblich enorm verändern. Open source Projekte, welches es seit neustem ermöglichen ein bestimmtes Roboterprogramm auf jeglichen Roboter übertragbar zu machen und somit eine Massen-produktion zu gewährleisten, sind Grundvoraussetzung für die Industrialisierung 4.0.

In der Industrialisierung 3.0 war vor allem die sogenannten CAD Programme gefragt und notwendig, welche einen Menschen zur

Bedienung benötigen. Diese Konzepte sind nunmehr veraltet und werden mit der Zeit durch Roboter und Algorithmus Programmierung revolutioniert. Die Rede ist nun ausschließlich von Robotern wie von Boston Dynamic oder weiteren Unternehmen wie zum Beispiel Tesla. Auf der einen Seite haben wir gesteuerte, programmierbare Roboter arme oder Körper welche Tätigkeiten ausführen und auf der anderen Seite haben wir Roboter mit einer künstlichen Intelligenz, welche wiederum mit den jeweiligen programmierbaren Robotern interagieren und selbst lernen können.

Das ROS (Robot Operating System) lässt Roboter durch Fehler lernen und diese auch Gleichschalten, sodass jeder Roboter in Minuten überspielt oder geändert werden kann.

Ebenfalls arbeitet Google an einer Künstliche Intelligenz, welche sich DeepMind nennt. DeepMind hat bereits die weltweit besten Schachspieler sowie die weltbesten AlphaGo Spieler mit einem selbstlernenden Algorithmus besiegt und ist dem Menschen in dieser Form bereits überlegen. AlphaGo ist ein Brettspiel wie Schach nur hat es mehr Felder und Variationen und somit eine höhere Schwierigkeit.

Die Weltmeister waren sowohl erstaunt als auch traurig. Die Erkenntnis von einer künstlichen Intelligenz überholt zu werden oder ersetzt zu werden ist für die meisten noch unvorstellbar oder aber erschreckend.

Doch sind wir es, die es mit unseren Daten möglich gemacht haben und einen Weg in die Digitalisierung geebnet haben.

Chancen & Vision der Digitalisierung

Die Digitalisierung an sich ist hocheffizient und in den richtigen Händen könnten Roboter unsere Welt revolutionieren. Es werden möglicherweise Arbeitsplätze wegfallen, aber es werden auch viele neu geschaffen werden. Roboter könnten gefährliche Arbeiten sowie Kinderarbeit vollkommen übernehmen. Hierbei könnte die Hungerrate gänzlich beendet werden und die dritte Welt Länder ein besserer Wohlstand erhalten sowie besser zur allgemeinen Wirtschaft beitragen.

Das Wort „Digital" lässt sich aus dem lateinischen ableiten und kommt von „Digitus", welches übersetzt „Finger" heißt. Man sieht also, es ist eine direkte Verbindung von Biometrischen und digitalen Daten vorgesehen.

Für die Zukunftsaussichten werden wir bereits jetzt mit Themen wie den Gehirnchip von Elon Musk, Geschäftsführer von Tesla sowie von Neuralink konfrontiert.

Hierbei wird nicht nur ein direkter Roboter gebaut, sondern es ist auch eine direkte Verbindung von Menschen und Roboter laut Erfinder notwendig, sodass uns die Künstliche Intelligenz nicht komplett überholt.

Es ist bereits erforscht worden. Versuche an Tieren und darüber hinaus fanden ebenfalls schon statt, sodass dies kein leichtfertiges Gerede mehr darstellt, sondern die Wirklichkeit und etwas greifbares beinhaltet.

Der komplette Mainstream sowie viele Big-Tech Unternehmen tendieren immer mehr zum Transhumanismus sowie zur Digitalisierung und der dazugehörigen Werbung.

Transhumanismus

Wenn man von Transhumanismus spricht denken immer viele Menschen es geht hier überwiegend nur um Geschlecht oder Männlichkeit sowie um Weiblichkeit. Transhumanismus ist viel mehr. Es kommt vom Wort Transformieren und lässt schon erahnen in welche Richtung es geht.

Den Menschen in etwas Transformieren. Die ersten Schritte waren schon bereits mit Hormonen, Implantate, künstliche Masse in Geweben und durch Bewegungen wie LGTB oder Gendern.

Alles wird ausgelegt auf die Transformierung. Hierbei geht es aber hauptsächlich um die Transformierung von Menschen und Technik. Hierbei ist ein Film wie iRobot oder Terminator nicht weit entfernt. In Zukunft oder bereits jetzt schon gibt es Menschen, welche Robotik Bestandteile außerhalb, implantiert oder fest verbaut tragen. Dies macht den Menschen dann zu einem Transformierten Menschen. Wichtig ist, dass alle Robotik Bestandteile einem Patentrecht unterlegen.

Beim Transhumanismus wird die Kontrolle von außerhalb übertragen ins Innere des Menschen.

High-Tech Bio-Technologien

CRISPR-Cas Verfahren

Das CRISPR-Cas Verfahren ist kurz gesagt eine Genomschere.

Forschern ist es gelungen Genome und Gensequenzen zu schneiden, zu ändern, zu manipulieren und zu erschaffen.

Man kann Designer-Babys erschaffen, welche mit passenden Gen-Sequenzen ausgerüstet sind. Nun mit der Genomdatenbank und der Einspeisung durch die parallellaufende Pandemie kann erst so richtig mit den menschlichen Sequenzen gearbeitet werden. Hierzu gibt es eine Vielzahl an Möglichkeiten, welche genutzt werden können. Es können Krankheiten erkannt, erschaffen oder möglicherweise auch geheilt werden. Hiermit kann man das Klonen sowie das verändern von DNA und Genen massiv verändern. Viele in dieser Branche sprechen davon, dass die Zeit gekommen ist, in der Menschen selber Lebewesen züchten und erschaffen können. Sowohl der Mensch als auch andere Lebewesen werden hierdurch gentechnisch verändert werden können. Dieses Verfahren ist zwar revolutionär und auch die Zukunft, dennoch ist dies ein sehr gefährliches Spiel mit dem Schlüssel des Lebens (DNA).

mRNA

Die mRNA Gentherapie ist eine Technologie, welche aus der Krebsforschung kommt und seinen Ursprung dort hat.

Jahre lange Forschung haben es nicht geschafft Krebs erfolgreich zu bekämpfen oder zu heilen. Bis heute ist die Heilung hierdurch nicht möglich während die Chemotherapie Möglichkeiten rasant ansteigen und einen wahnsinnigen Profit erwirtschaften. Komischerweise, manche nennen es auch Glücklicherweise, hat die Lage der Pandemie ein Experiment an der Menschheit bedingt genehmigt, sodass die mRNA flächendeckend an der Bevölkerung ausprobiert wird und wurde.

Manche sehen hierin eine Hoffnung andere sehen darin keine Notwendigkeit.

Fakt ist, dass bis zum Jahr 2019 alle Unternehmen in Bezug auf mRNA gescheitert sind und es mehrere Tierversuche gab, worin die Tiere nachweislich, nahezu gänzlich gestorben sind.

Weiterhin ist bekannt, dass alle Unternehmen in dieser Branche keinen großen wirtschaftlichen Erfolg mit dieser Technologie erzielten. Nun jedoch ist die Aktienkurve von Manchen Unternehmen wie zum Beispiel Moderna oder Biontech, welche aus dem nichts entstanden sind, nahezu explodiert. Dies ist hauptsächlich durch die EU und Länderabkommen möglich, welche die Unternehmen mit ihnen beschlossen haben.

Es ist von einer modifizierten „m"RNA die Rede. RNA ist in einer Darstellung zum Beispiel ein Drucker und DNA zum Beispiel das Druckpapier. Das heißt die RNA wird durch die jeweiligen mRNA wahrscheinlich für immer modifiziert sein, sodass ein Organismus dauerhaft von seiner natürlichen Form durch synthetische RNA und Eiweiße abweicht. Dies geschieht durch Nanolipide. Nanolipide sind patentiert und sind eine künstliche Lebensform, welche im Nanolabor durch Robotik erbaut ist. In den Impfstoffen zum Beispiel welche die sogenannte mRNA enthalten, sind Nanolipide die sich ALC-315, ALC-159. Diese Inhaltsstoffe werden von den Herstellern der Nanolipide meist als „nicht für den Gebrauch in und am Menschen zugelassen" deklariert.

So folgen manche Menschen dem Verständnis, dass es gegen Ihre guten Sitten, Ihren Glauben oder kontraproduktiv für dessen Immunsystem ist. Viele Allergiker sind gegen diverse Inhaltsstoffe zudem allergisch so haben viele eine Allergie gegen Schwermetalle oder Ethylenoxid und anderen Bestandteilen, sofern diese wissenschaftlich beinhaltet sind. Die Entscheidung eine synthetisch modifizierte Gen-therapie in und an seinem Körper zu lassen, muss jeder mit sich selbst vereinbaren und beurteilen. Leider gibt es auch hier ziemlich abweichende und sehr eingefahrene Meinungen wodurch ein immenser Streit entsteht. Doch es ist eigentlich immer nur das Abwägen an sich und die Vernunft inwiefern man eine Sache möchte oder nicht. Auch hier gibt es kein schwarz und weiß und man sollte genaustens Recherchieren wie mit allem im Leben.

Graphen

Graphen wird unsere Welt verändern.

Graphen ist eine Kohlenstoff-Technologie auf Nanobasis, welche mit einem normalen Mikroskop nur bedingt wahrgenommen oder gesehen werden kann.

Durch Graphen ist es erstmals möglich, Strukturen auf Glas zu schaffen, welche das Wasser komplett abweisen, ähnlich wie bei einem Lotus-Effekt.

Weiterhin kann man durch Graphen kleine Layer-Chips bauen welche im Nanosegmenten erst mit speziellen Mikroskopen sichtbar sind.

Graphen kann die Hirnschranke überwinden und ist ähnlich klein wie ein winziges Kohlenstoff Atom.

Forscher können nun wie in einem Computerspiel wie Minecraft diverse Graphen Strukturen und Layouts bauen, um Kanäle, Röhren oder Chips auf Atomebene zu bauen.

Hierbei geht es nicht mehr um Nanotechnologie, sondern schon um die Atomtechnologie, welche um Längen kleiner ist.

Graphen ist aber nicht nur von Vorteil, sondern kann ebenfalls sehr viele Nachteile mit sich bringen.

Es ist unsichtbar für das bloße Auge und es kann Technologien mit sich führen die außerhalb des normalen Verständnisses im Jahr 2022 liegen.

Wenn man vom Ursprung der Menschen spricht, dann ist oft die Rede von Adam. Manche verknüpfen „Adam" mit dem Wort „Atom" (Kohlenstoff).

Wer sich weiter mit der Materie von Kohlenstoff beschäftigt weiß, dass Kohlenstoff die Grundlage von sehr vielem Leben auf der Welt ist essentiell für viele Mechanismen des Lebens ist. Wir führen Kohlenstoffformen zu uns mit der Nahrung und scheiden Kohlenstoffformen durch die Luft und unserer Abluft oder Ausscheidungen wieder aus. Sauerstoff hilft uns Kohlenstoffformen zu binden und diese wieder durch die Abluft auszuscheiden.

Graphen ist bereits in vielen Gesichtsmasken wie zum Beispiel der FFP-2 und 3 Maske. Hier ist bewusst eine Graphen Technologie eingebaut.

Deklariert ist dies nur beim Hersteller beispielsweise in China selbst. In Europa wird komischerweise der Bestandteil von Graphen nicht deklariert.

Graphen wird unsere Zukunft verändern und uns Strukturen bauen lassen wie nie zuvor. Nicht nur im skalierbaren Atombereich, sondern auch darüber hinaus.

Graphen ist eine noch ziemlich neue und auch durch die Europäische Union geförderte Technologie, welche uns ins Jahr 2030 begleiten wird.

Im Bereich des 3D Druckers ist Graphen ein Schlüsselelement zum Herstellen von kleinsten Chips im menschlichen Körper oder zur Erschaffung von Medikamenten, welche sich den Weg in die jeweiligen Wirkungsorte selber suchen können, sowie sich reproduzieren können. Dies alles wird mit der Graphen Technologie immer mehr möglich. Weiterhin kann man auf Graphen und Aluminium Basis bereits kleine Bioroboter bauen, welche sich ausschließlich durch die menschliche Energie am Leben halten. So wird in Biolaboren zum Beispiel Viren und Bakterien künstlich erzeugt, manipuliert oder aber Sequenziert mit einer bestimmten Sequenz. Spätestens durch den Corona Virus bzw. Covid-19 ist jedem klar, dass durch ein Labor wie in China, Wuhan gefährliche Viren erforscht und auch freigelassen werden können.

Ein sehr erfolgreicher und weiser Mann namens Dr. Alexander Noack, welcher tragischerweise verstarb, hatte von Graphen Technologien viel verstanden und hat Vorträge auf YouTube sowie auf anderen Plattformen vorgetragen. Leider wurden diese zensiert oder auch gelöscht, weil der oben genannte Herr eine etwas kritischere Meinung zu den genannten Technologien einnahm.

Ob und inwiefern er mit seinen kritischen Argumenten recht hatte und Anklang in der Zukunft findet, ist bisher noch nicht bekannt.

Seine Ergebnisse wurden jedenfalls auch von anderen Wissenschaftlern ähnlich erkannt und erklären den direkten Zusammenhang von mRNA-Technologie mit Bestandteilen von Graphen Strukturen.

High-Tech Technologien

S.M.A.R.T - Technologie

S – Spezifisch - Das Ziel ist konkret, unmissverständlich und detailliert beschrieben

M – Messbar - Das Ziel kann qualitativ und quantitativ beurteilt werden

A – Attraktiv - Das Ziel ist angemessen und attraktiv für alle Beteiligten

R – Realistisch - Das Ziel kann mit den vorhandenen Ressourcen realistisch erreicht werden

T – Terminiert – Das Ziel ist zu einem bestimmten Zeitpunkt umsetzbar

Die meisten High-Tech Technologien laufen über die Smart-Technologie Methode, sodass Sie alle Bereiche des Konzeptes abdecken. Die Smartmethode kann auch auf ein Studium oder auf etwas wissenschaftlichen angelehnt werden. Hierbei geht es immer um ein Ziel welches mit den oben genannten Voraussetzungen sehr erfolgreich erreicht werden kann. Diese Methode machen sich viele große High-Tech Konzerne zu nutzen, um diverse Hilfsmittel elektromagnetischer Art in unseren Haushalt zu bringen und diese dann mit anderen in Synergie zu verknüpfen. Weiterhin können die Technologien, welche für die Smart-Technologie stehen, Daten aus der Umgebung auswerten, sowohl im Standby als auch im Online Modus. Hierzu wird oftmals ein Internetzugang in Kombination mit Wi-Fi, Lo-Fi oder eine Bluetooth Verbindung vorausgesetzt. Nicht nur dienen diese Technologien uns zu einem Nutzen von Musik hören oder zu sozialisieren, sondern dienen diese auch den

Herstellern um jegliche Daten zu sammeln. Hierzu zählen Nutzungsdaten, Anmeldedaten und vieles mehr.

Solche Technologien sind natürlich für den Endverbraucher immer effizient und kommen mit einem Mehrwert. Jedoch ist hierbei auch immer ein Mehrwert für den Erfinder beziehungsweise für den Konzern.

Besonders ist dies bei den neuen Technologien, welche sich alle ineinander und miteinander mit sich selbst, mit dem Menschen als eigene Technologie und darüber hinaus vernetzen.

Web 3.0

Das Web 3.0 ist nicht wie zuvor auf Informationen zum Menschen erbaut. Diesmal geht es darum, dass der Mensch seine Daten basierend auf Blockchain halten darf. Die Daten sollen demjenigen der Sie verursacht auch zugesprochen werden und auf keiner Plattform im eigentlichen Sinne gespeichert werden. So kann man selbst über seine Daten bestimmen. Im Web 1.0 ging es darum nur Informationen zu lesen. Im Laufe der Zeit kam dann das Web 2.0 indem wir mit den Informationen interagieren konnten. Nun im Web 3.0 geht es darum, dass die Informationen untereinander agieren mit mehr Datensicherheit und viel Künstlicher Intelligenz, sodass die Suchfunktion direkt nach den Wünschen der Nutzer angepasst ist und wird.

Bluetooth 5.0

Der Name Bluetooth kommt vom damaligen englischen König Harald Blauzahn (*englisch*. Harald Bluetooth). Das Symbol bildet

Runen der Antiken Zeit ab und hat einen mythologischen Hintergrund. Die Technologie von Bluetooth 5.0 ist mitunter einer der Grundlagen von Smart Erfindungen. Genau wie WLAN arbeitet Bluetooth über Frequenzen die das Menschliche Auge nicht sieht. Da Licht und vieles andere ebenfalls Frequenzen hat, können möglicherweise andere Lebewesen diese Frequenzen sehen oder besser wahrnehmen. Bluetooth 5.0 sowie WLAN sind die Hauptfrequenzen für das Internet der Dinge und für das Internet des Menschlichen Körper. Hiermit werden Maschinen miteinander, mit uns oder in uns verbunden.

Wie die jeweiligen Frequenzen auf unsere Gesundheit wirken, ist sehr fraglich. Einigen Mythen nach zu urteilen, ist die Gehirntumorrate durch die vermehrte Anwendung der Bluetooth Kopfhörer signifikant erhöht.

EMF (Electro magnetic fields)

EMF sind elektromagnetische Felder, welche wir als Synergie von Elektrizität und Magnetismus als Energiegrundlage für alle digitalen Geräte benutzen. Viele kennen nur Strom an sich und verbinden dies mit Elektrizität. Doch besonders entscheidend ist die magnetische Wirkung, welche mindestens genauso wichtig für Energie ist.

Elektromagnetische Wellen sind Grundlage für folgende Technologien unseres Alltags der Digital Natives (Menschen die in der digitalen Welt aufgewachsen sind):

- Lichtwellen (UV-Licht) leitet die Photosynthese ein uns ist Hauptbestandteil für das Leben von Lebewesen. Die Quelle der

Lichtwellen ist die Sonne oder durch den Menschen künstlich erzeugtes Licht

- Radiowellen - Dies sind elektromagnetische Wellen, welche hauptsächlich Ton, Sprache und Telegraphie übertragen sowie weiterleiten können. Hierzu gehört das Radio, der Rundfunk, der Radar und der Fernseher.

- Mikrowellen - Mikrowellen sind wie der Name schon sagt elektromagnetische Wellen auf Mikrobasis und können demnach jegliches organische Gewebe in Schwingung und zum Platzen bringen.

Mikrowellen werden sowohl in der Küche zum Erwärmen von Molekülen die an Wasser gebunden sind benutzt, als auch in Kriegsgebieten. Durch die Schwingung der Moleküle entsteht Wärme und Hitze, sodass wir dies oft als warm und heiß wahrnehmen. Mikrowellen haben einen integrierten Strahlen Schutz, sodass wir diese Mikrowellen nicht abbekommen und nur das Produkt, welches wir in eine Mikrowelle legen.

Mit Mikrowellen sollte man vorsichtig sein. Ein Experiment auf YouTube hat gezeigt, dass man eine Mikrowelle umbauen kann. Richtet man die elektromagnetischen Wellen durch oder an einen Baumzweig, wird dieser nachweislich gänzlich von innen und außen entflammt und in wenigen Sekunden verbrannt/verglüht. Hier kommt es ähnlich wie bei einem Blitz zur Entladung im organischen Material.

Infrarotstrahlung - Infrarotstrahlung C kann nicht tief in die Haut dringen und erwärmt die Haut und dehnt Gefäße. Anders hingegen die Infrarotstrahlung A welche tief in die Haut eindringen und Schäden verursachen kann. Infrarotstrahlung C kommt oft in Lampen zur Erwärmung für Muskelareale durch Physiotherapie zum Einsatz. Ebenfalls gibt es Infrarotlicht Saunen und Infrarotlampen, welche für das Indoor-growing (Wachstum innerhalb von geschlossenen Räumen und über Nacht) gewährleistet. Hier ist eine künstlich erzeugte Photosynthese durch Infrarot, Sauerstoff und Wasser möglich.

- Röntgenstrahlung – Diese Röntgenstrahlungen werden oft in der Medizin verwendet, können jedoch auch Schäden am Erbgut (DNA) verursachen und Krebs auslösen. Deshalb gibt es hierzu oftmals eine Abdeckung für den Strahlenschutz, sodass man nur geringe Mengen der Quantenenergie abbekommt. Die Röntgenstrahlung zwischen zwei elektrischen Polen, welche künstlich erzeugt wird, kann problemlos menschliches Gewebe durchdringen.

Gemessen wird Strom (Energie) nach Hertz, welches von der Entdeckung des Hertzscher Dipol stammt und vom Erfinder Heinrich Hertz stammt. Heinrich Hertz war ein deutscher Physiker.

Es wird immer zwischen nicht ionisierender Strahlung und ionisierender Strahlung mit zunehmender Wellendichte unterschieden.

Hertz bedeutet nicht anders als Schwingungen in der Sekunde.

1 Hz ist eine Schwingung pro Sekunde.

1 GHz sind eine Milliarde Schwingung pro Sekunde.

Folgende Schwingungsfrequenzen gibt es als Beispiel:

Hertz Angabe Elektromagnetische Kreationen

7,8 Hz   Erdmagnetfeld
0,5 – 30 Hz   Gehirnzellen/Körperzellen

150 MHz	DNA
100 MHz	Radio
700 MHz – 5 GHz	Handy/Babyphone/WLAN
10 Hz	Taktung WLAN
50 Hz	Strom
300 GHz	Mikrowelle
300 THz	Licht (Infrarot bis UV)
300 PHz	Röntgen/kosmische Strahlung, Radioaktivität

Diese Technologie ist deshalb so wichtig zu verstehen, weil Sie die Grundlage von der Erde und vom eigentlichen Leben ist. Hierzu gibt es die künstlich erzeugten Elektromagnetischen Kreationen vom Menschen und die natürlichen Elektromagnetischen Kreationen, welche nicht vom Menschen sind. Die natürlichen Elektromagnetische Strahlung besteht ausschließlich aus Licht und hat die Sonne als Quelle. Hierzu gibt es das Erdmagnetfeld, welches mit Süd- und Nordpol unsere natürlichen Elektromagnetischen Prozesse erst möglich machen.

Die Sonne bietet uns und unserer Umgebung in Form von ionisierender Strahlung Energie und erzeugt somit leben.

Zwischen dem Erdboden und der elektrisch gut leitfähigen Ionosphäre in ca. 70 km Höhe besteht eine Potenzialdifferenz (Spannungsdifferenz) von bis zu 300 Kilovolt. Dadurch entsteht ein statisches elektrisches Feld, das je nach Jahreszeit und Wetter eine Feldstärke von ca. 130 bis 270 Volt pro Meter aufweist. Bei Gewittern können noch weit höhere Feldstärken von bis zu 20 000 Volt pro Meter auftreten, mit Spitzen bei der Blitzauslösung von bis zu 300 000 Volt pro Meter.

Das statistische Erdmagnetfeld weist je nach geologischem

Untergrund und Breitengrad eine magnetische Flussdichte zwischen 30 und 60 Mikrotesla auf. In Baden-Württemberg liegt dieser Wert durchschnittlich bei ca. 48 Mikrotesla.

Natürliche elektromagnetische Felder existieren in der Natur fast ausschließlich in Form von Wärmestrahlung, Licht und ionisierender Strahlung, also im Bereich sehr hoher Frequenzen im elektromagnetischen Spektrum. Die bedeutendste natürliche Quelle ist die Sonne.

Aus diesem Grund kann man davon ausgehen, dass der Mensch ebenfalls eine Elektrobiochemische Maschine ist.

Wir Menschen können Elektromagnetische Energie in kinetische Energie umwandeln und andersherum. Kinetische Energie ist nichts anders als Bewegungsenergie, welche wir durch Arbeiten oder zum Beispiel durchs Fahrrad fahren durchführen.

Es gibt elektrische Entladungen der Erde, welche Blitze genannt werden. Dies ist schlichtweg eine Funkentladung. Daher kommt die Erfindung des Funkes, welchen wir heute in unseren Feuerzeugen, im Auto in der Zündkerze oder zum Beispiel in einem Elektro-schocker im kleinen Maßstab durch elektromagnetische oder Rei-bungsenergie nachbilden können. Der Funke ist somit ein kleiner Blitz, welcher eine elektromagnetische Entladung visualisiert und oft mit hoher Energie und Hitze einher geht. Mit der Entdeckung des Funkens und dem Verstehen der Naturgesetze entstand somit Feuer durch Funken in Kombination mit Holz, Gas und vielem mehr. Heutzutage ist dies nur Nebensache und lauert in fast jeder Zentralheizung im Keller sowie im alltäglichen Gebrauch. Ganz selbstverständlich ist es vielen nicht bewusst, dass wir elektroma-gnetische Wesen sind.

Unser menschliches Auge kann nur die Licht-Farben (Elektromagnetische Wellen) von Rot bis ultraviolett wahrnehmen und sehen. Darüber hinaus alle weiteren Wellen können wir nicht wahrnehmen. In Weisheiten des Taoismus oder des Buddhismus gibt es die verschiedenen Chakren, welche ebenfalls die Lichtfarben abbilden und uns auf die elektromagnetischen Schwingungen des Körpers sowie des Lichts aufmerksam machen. Irgendwo hat alles einen Sinn und eine Bedeutung, wenn man dem Tiefsinn und nicht der Oberfläche und damit verbundenen Leichtigkeit Glauben schenkt.

Derjenige der einer Religion unterliegt ist spirituell gefangen in dessen Religionsmaßstab. Derjenige der keiner Religion unterliegt ist spirituell offen auch für andere Weisheiten von anderen Religionen, welche lustigerweise fast denselben Ursprung oder die gleiche Bedeutung haben. Im Prinzip geht es nämlich immer nur um Gemeinsamkeit, Nächstenliebe und an etwas Glauben. Doch sollte hier besonders der Glaube an sich selbst nicht vergessen werden. Denn wir müssen nicht nur an die Frequenzen um uns herum glauben, sondern auch die Frequenz von uns selber die wir selber erschaffen können. Wir erschaffen kinetische Energie und sind Meister der Frequenzen. Wir leben und schwingen mit ihnen.

Das menschliche Auge sieht nur 2 % von der Wirklichkeit, von den Atomen der Welt und der Frequenzen in unserer Umgebung. Anders ist es Beispielsweise bei Katzen die eine perfekte Nachtsicht haben oder bei Adlern, welche ein überragendes Zoom und Weitsicht haben.

Sofern man die Passagen von Elektromagnetischen Wellen verstanden hat, kann man daraus resultieren, dass diese Wellen fast jedes Element des Periodensystems beeinflussen und verändern können.

EMF – Schutz

Da vielen bereits die Elektromagnetischen Felder von den jeweiligen oben genannten Technologien bewusst ist und die Wirkung von verschiedenen Frequenzen unserem Körper schaden können, gibt es bereits mehrere EMF-Schutz Unternehmen, welche EMF Kleidung, Wandfarbe und diverse andere Artikel zum Schutz gegen elektromagnetische Frequenzen verkaufen. Anscheinend gibt es hierbei wirklich einige, welche sehr sensitiv auf solche Art von Frequenzen sind.

Viele sogenannte Verschwörungstheoretiker, welche einfach nur eine andere Meinung haben, reden hier von bewusstem Schaden an den Menschen durch Strahlung. So ganz unrecht können sie hier nicht sein, denn es ist bewiesen, dass ein aussetzen von mehreren Stunden mit Handy oder generell das Aussetzung innerhalb von Elektrosmog eine Geldrollenbildung im Blut verursacht, wovor auch viele Heilpraktiker warnen.

Demnach schwingt jedes Atom auf der Welt mit einer gewissen Frequenz wie es bereits Nikola Tesla in seinen zahlreichen Forschungen immer wieder aufs Neue Versucht hat zu erklären.

"Wenn du das Universum verstehen willst, dann denke in Kategorien wie Energie, Frequenz und Vibration."

Nikola Tesla

PH-Wert

Viele wissen es nicht, doch ist unser pH-Wert für unseren Organismus sehr entscheidend. Der Körper reguliert diesen jeden Tag auf neue. Unser pH-Wert wird von der Ernährung und vom Lebensstil oft beeinflusst oder sogar bestimmt. So herrscht im sauren Milieu des Körpers oft mehr Krankheit als im basischen Körper.

Otto Warburg erhielt 1931 den Nobelpreis für Medizin. Er stellte fest, dass in einem sauren Milieu, der für den Körper lebensnotwendige Sauerstoffgehalt rapide abnimmt. Da eine Krebserkrankung nur in einer sauerstoffarmen Umgebung existieren kann, findet sie optimale Bedingungen bei einer Übersäuerung vor.

Mit dieser Information ist vielmehr gesagt als man in einem unendlichen Text beschreiben kann. Der pH-Wert bestimmt unser Leben und wir können mit ihm unsere Gesundheit komplett runter wirtschaften oder diese stärken. Doch nicht nur Nahrung spielt eine Rolle beim pH-Wert, sondern auch die Körpertemperatur sowie die Aufnahme von Sauerstoff.

Je mehr Sauerstoff wir tanken, desto basischer kann unser Körper werden. Unsere Lungen nehmen Sauerstoff auf und können so als Antioxidantien die freien Radikale verdrängen. Ähnliches passiert auch mit unserem Wasser, indessen die Anionen und Kationen eine wichtige Schlüsselfunktion haben.

Ähnliche Entdeckungen finden derzeit mit dem Wasserstoff statt. Etliche Studien zeigen, dass Wasserstoff unsere Mitochondrien stärken und unserem Körper eine negative Ladung hinzuführen.

Neuste Studien über Wasser, zeigen ebenfalls das ein entscheidender Unterscheid zwischen Leitungswasser, verpacktes

Wasser, Mineralwasser und Quellwasser besteht. Vor Allem fällt hierbei die energetische Wirkung vom Wasser durch die Natur auf. Die verpackten Wassersorten sind sozusagen totes Wasser, da diese meist nicht hoch energetisiert sind. Quellwasser und Mineralwasser wandern durch verschiedene Sedimentschichten sowie durch Flüsse, sodass diese durch die Natur und durch den Fließeffekt hoch energetisch sind. Dies nimmt natürlich mit der Industrialisierung von Wasser rapide ab. Wasser sollte man nicht in Plastik verpackt kaufen, denn das Plastik kann die giftigen Stoffe und Hormone auf das Wasser übertragen.

Kohlenstoff / Wasserstoff / Sauerstoff

Wie viele Organismen auf der Welt, sind die meisten Nahrungs-bestandteile die wir essen an Kohlenstoff gebunden. Oft werden diese Kohlenhydrate oder ähnlich genannt.

Bei Abnehmen geht es vor Allem darum den Kohlenstoff vom Körper aus zu sondern. Dies passiert durch Sauerstoff und Wasser.

Man kann hier wortwörtlich von „Atme dich schlank" oder „trinken macht schlank" reden. Denn das was der Körper jeden Tag ausführt ist, dass er Kohlenstoffe wieder ausscheidet. Wir produzieren selber diesen Abfallstoff durch Ausatmen und unsere Ausscheidung von Nahrungsresten oder Gase die gebundenen Kohlenstoffe sind.

Wir atmen also Kohlenstoffdioxid (CO_2) aus und atmen meist sauberen Sauerstoff O_2 ein. Durch den Sauerstoff bindet unser Körper die restlichen Kohlenstoffe der Nahrung und behält sich die Mineralien und Vitamine zur Bearbeitung. Kohlenstoff ist das

Endprodukt, welches mit der Abluft raus muss und jegliche Form der Nahrung bindet.

In unserem sogenannten Abgas (Pupsen) befinden sich ebenfalls Gemische von Stickstoff, Wasserstoff, Methan und Kohlenstoffdioxid. Die Fürze brennen können ist somit kein Mythos, sondern reinste Realität. Man kann das menschliche Abgas genauso effizient als Energiequelle nutzen wie beim Biogas von Rindern, welches ebenfalls viel Methan und Wasserstoff enthält. Man sieht ganz einfach den kombinierten Prozess und wie Sauerstoff und Wasserstoff sich verbinden mit Kohlenstoffen und ausgeleitet werden.

Unsere chemischen Prozesse zu verstehen ist besonders wichtig, denn so können wir diese bewusst beeinflussen. Je basischer der Körper ernährt oder getränkt wird, desto besser kann der Körper sich auf die Ausscheidung der Gifte und freien Radikalen widmen, sodass man Krankheiten vorbeugen kann.

Waldbaden kommt nicht von irgendwoher. Es bietet eine reine Luft die unmittelbar von den Bäumen und den Pflanzen produziert wird, welche sofort zur Aufnahme bereitstehen. In Großstädten zum Beispiel sind weniger frische Luft und ein geringerer Sauerstoffgehalt als im Wald oder auf dem Land. Somit ist dort viel CO_2, welches unser Körper durch die Luft aufnimmt und wieder verarbeiten muss. Denkt man an die Effizienz des Körpers genauso wie die Effizienz seiner Geldbörse, wird man genau schauen was man produziert und reduziert.

Weiterhin gibt es Unterschiede im Wasser, welches mit mehr Anionen oder Kationen angereichert ist oder auch nicht. Hierbei ist vor Allem der Anteil an Hydrogencarbonat entscheidend. Die reinste Form der Wasser (H_2O) Aufnahme ist, wenn man Wasser bestehend aus Sauerstoff und Wasserstoff durch die Elektrolyse trennt und puren Wasserstoff einnimmt.

Pixel

Pixel sind Grundfarben meist Rot, Grün und Blau, welche ein Bildsignal mittels Elektronenstrahlen auf eine Leuchtstoffmatrix mit festgelegter Auflösung abgibt. Diese Erreicht die Sphäre vom Auge und können in ein Bild im hinteren Teil des Gehirn -welcher fürs sehen zuständig ist -ausgewertet werden.

Da Pixel oft nur eine eintönige Grundfarbe haben und sich somit durch die Pixel auch unser Gehirn für gewisse Video und Bildquellen künstlich stimulieren lassen, kann man hier schon von einer programmierten Realität sprechen. Denn das was wir durch die künstlichen Pixel sehen, ist im übertragenen Sinne nur die Lichtfrequenz, welche künstlich durch Programmierung erzeugt wird. Die Erfindung von den Pixeln ist an der sichtbaren Lichtfrequenz angelehnt die bereits oben erwähnt ist. Doch dies ist nicht alles, denn die Pixel bilden nur einen bestimmten Teil der Farbskala ab, wodurch unsere Sicht nur einseitig durch künstlich erzeugte Visualisierung abgestumpft wird. Hierbei redet man oft von Blaulicht aus LCD oder LED Monitoren, welches für die Retina schädlich ist. Hierfür gibt es schon bestimmte Gläser die das besonders schädliche Blaulicht filtern können.

Das Wunder der Metalle und Halogene

Immer wieder redet die Wissenschaft von Schwermetallen und Schwermetallbelastung. Diese ist bereits durch Chemtrails und Dünnung mit Pestiziden oder Fungiziden in unserer Nahrung und in unserem Trinkwasser. Weiterhin durch Umweltbelastung und durch die Verpestung der Industrie allgegenwärtig.

Jeder weiß, dass Aluminium im Deo krebserregend ist und die Aufnahme durch Aluminium verpackte Nahrung zu Krankheiten führt. Andere Schwermetalle haben einen ähnlichen Effekt und lösen bei uns Krankheiten auf. So ist Cadmium und Quecksilber ebenfalls besonders toxisch für unseren Körper und leider in vielen Nahrungsmitteln enthalten. Blei ist ein weiteres Schwermetall, welches nicht gesund für den menschlichen Organismus ist.

Doch gibt es auch gesunde Schwermetalle wie zum Beispiel Zink, Eisen, Mangan und Kupfer. Sie sind sogar lebensnotwendig.

Nicht nur Schwermetalle sondern auch Halogene wie Fluor/Fluoride sind hart umstritten. Doch andersherum ist ein Halogen wie Jod wiederrum lebensnotwendig für die Schilddrüse. Die Funktion von Fluor ist nicht definierbar und wird in vielen Bereichen als hochtoxisch angesehen.

Die Fluor Anwendung stammt aus Deutschland. In der Zeit der Nazis hat man Fluor dem Wasser beigegeben um ein bestimmtes Nervengift das Fluor dem Körper zu zuführen. Fluor ist in hohen Mengen toxisch. Wenn man dies durch Zahnpasta, Trinkwasser und dann noch durch die Nahrung aufnimmt hat man einen wunderbaren toxischen Cocktail.

Glücklicherweise besteht unser Körper auch aus vielen nicht toxischen Bestandteilen wie zum Beispiel Jod, welches mit der Schilddrüse im Einklang unsere Hormone bildet, welche für den kompletten Mechanismus des Körpers verantwortlich sind. Komischerweise wird das Halogen Fluor eingesetzt bei Schilddrüsenüberfunktionen, welches im Umkehrschluss heißt, dass das Fluor in der Zahnpasta und im Trinkwasser möglicherweise das Jod als anderes Halogen verdrängt oder neutralisiert und die Hormonbildung stört oder sogar blockiert.

Da die Schilddrüse die Stoffwechselgeschwindigkeit bestimmt beeinflusst dies also den kompletten Körper. Komischerweise haben wir hier im Westen äußerst viele Schilddrüsenprobleme. Dies ist vermutlich darauf zurück zu führen, dass wir mit dem Halogen Fluor getränkt werden und äußerst wenig Jod zu uns nehmen. Dies wird oft künstlich zugeführt was oft schädlich ist und so Jod-Salz vom Schildrüsenexperten oft verboten wird.

In Ländern wie zum Beispiel Japan wo es eine 100 Mal höhere Einnahme von Jod durch Algen gibt, ist eine Schilddrüsenstörung oftmals generell nicht bekannt. Dies zeigt uns deutlich das Jod eines der Schlüsselelemente für uns ist wohingegen Fluor nicht unbedingt vom Körper gebraucht wird und ein Toxin darstellt.

Edelmetalle wie Gold und Silber sind der neuste Trend. Gold soll wohl in jedem Körper vorhanden sein und unser Bewusstsein erweitern und sogar den IQ erhöhen können. Besonders kann man kolloidales Gold aufnehmen, welches Nanogoldpartikel sind. Schon lustig das in den PCR Tests ebenfalls kolloidales Gold enthalten ist. Kolloidales Gold kann diverse Enzyme binden und entweder in den Körper bringen oder dem Körper helfen Enzyme zu binden. In einem Bericht von Dr. Alexander Noack heißt es, dass die Edelmetalle eine besondere Auswirkung auf den Menschen haben und dies leider nie wirklich thematisiert wird.

Das Edelmetall Silber zum Beispiel findet auch immer mehr Beliebtheit. Sogar in der Schulmedizin wird nun kolloidales Silber in salben verwendet und zur Wundheilung benutzt, da es antiseptisch und desinfizierend wirkt. Es gibt noch sehr viel mehr Funktionen von Edelmetallen und wie sie mit unserem Organismus wirken.

Dies war ein kleiner Einblick in die Welt der Halogene, Toxine und Metalle.

Es ist wichtig zu wissen, dass wir das Periodensystem im Chemieunterricht nicht nur verstehen sondern auch verinnerlichen. Allgemein tragen wir sehr viele Stoffe des Periodensystems in unserem Körper.

Es gibt Behauptungen, welche sagen, dass eine Grippe in Wirklichkeit nicht von außen stattfindet, sondern von innen, indem Toxine aus dem Körper gespült werden und ein Selbstheilungsprozess stattfindet.

Wenn man sich nun die Tierwelt anschaut, welche nie krank wird, kann man sich das Ganze dann schon etwas besser vorstellen.

Man wird sich im Anschluss fragen, warum die Tiere nicht krank werden. Ganz einfach und simpel. Tiere sind dazu in der Lage ihr eigenes Vitamin C, welches ein Antioxidans ist, herzustellen. Somit können sie Toxine und freie Radikale effizient bekämpfen und werden nicht krank.

Wir Menschen nehmen jedoch zu viele Schadstoffe auf und werden von einem Oxidativen Stress mit freien Radikalen überhäuft. Freie Radikale sind gegen Viren und Bakterien gut jedoch in zu hoher Konzentration schädlich für unseren Körper. Genauso wie Metalle oxidieren mit zu viel Sauerstoff und Obst braun wird durch zu viel Oxidation, wird auch unser Körper älter und abgenutzt durch freie Radikale. Hierbei helfen vor Allem Antioxidantien welche sich mit den Oxiden binden und nutzen oder aus unserem Körper leiten.

5G und Blue Beaming

Der Mobilfunk und die damit verbundenen elektromagnetischen Funkwellen, welche für unser Auge nicht sichtbar aber für unseren Körper spürbar sind, werden als eine der erfolgreichsten Erfindungen in Bezug auf die Digitalisierungen genannt. Das 5G Netzwerk kann ein solches Ausmaß annehmen, das man hier schon nicht mehr von einem Mobilfunk an sich sprechen kann. Denn ein Mobilfunk hat ziemlich geringe Frequenzlevel womit 3 G und 4 G Erfindungen ausreichend sind. Bei der Erfindung von 5G werden andere Dimensionen geschaffen und man kann hier schon von Satelliten-Türmen reden. Denn nichts anderes sind sie. Sowohl Satelliten (wenn es sie wirklich gibt), als auch andere Funksender und Frequenzanlage funktionieren mit Frequenzen. Bisher war es immer eine Bandbreite mit Frequenzen, welche dauerhaft mit einem Pegel gesendet wurde. Nun mit der Blue Beaming Technologie kann punktuell anvisiert und Frequenzen gezielt durch die 5 G Türme auf die Empfänger übertragen werden.

Da wir etwas weiter oben schon etwas zu den Frequenzen gelernt haben, kann man nur erahnen was ein Frequenzturm mit 5G bewirken kann. Als Beispiel die militärischen Anwendungen, welche 95 Gigahertz, verwenden, welche von Wasser im Menschen (Gegner) absorbiert wird und dies erhitzt. Energiestrahlen nennt man diese Millimeter Frequenzwaffen. Ein 5G Turm kann Frequenzen bis zu 300 Gigahertz produzieren. Im Anschluss über 300 Gigahertz befindet man sich im Infrarot Bereich und im fast sichtbaren Spektrum von Licht.

Wir fassen also hierbei zusammen das die 5G Strahlung unter und in die Haut eindringen kann. Doch der 5G Ausbau wird nur aus einem bestimmten Grund vorangetrieben. Es ist das Internet der Dinge und das Internet of Bodies mit der Bandbreite mMTC. Weiterhin kommt das autonome Fahren und die Steuerung der künstlichen Intelligenz (Robotic) zum Einsatz mit der Bandbreite uRLLC. Mit der Einführung vom 5G kam auch das Patent von Bill Gates und Microsoft, die Haut der Menschen zu minen. Das Patent umfasst mehrere Länder und lässt darauf schließen, das 5G, Nanotechnologie, Mikrochips, die digitale Ausweispflicht (Green Pass) und alle Einlasskontrollen durch Biometrische Verfahren in ein und derselben Zeit vollzogen werden.

Sie gehören alle zu dem nächst höheren Ziel des Transhumanismus, welches durch die 5G Türme erst realistisch wird, denn so kann man die einzelnen Module mit Frequenzen verbinden und das World Wide Web ausbauen und die Fäden weiter zu ziehen, welche sich über unsere normale Informationskommunikation legt, diese kontrolliert und im Weiteren geschehen dann auch gezielt anvisieren kann. Mit Kameras, Facescanner, Temperaturmessern in der Kamera integriert und vielen weiteren Funktionen, wird der Mensch immer weiter transparent im Namen der Sicherheit und der Digitalisierung. Diese kommt natürlich für den Menschen auch immer mit Effizienz und Vorteilen. Wichtig ist hierbei zu unterscheiden, dass dies immer nur Vorteile in einem Menschen gemachten System sind und außerhalb des Geschehens beispielsweise im Tierreich oder in lebenden Organismen keinen Vorteil schafft.

Wir können auch heute noch viel von den Tieren lernen, welche glücklich und nahezu ohne Krankheiten, ohne System und ohne künstliche Frequenzen ab und an sogar älter werden als wir. Ob und inwiefern diese Technologie wirklich hochentwickelt ist und sie uns mehr nützt als sie uns schadet ist noch nicht wirklich begriffen. Eins ist klar, innerhalb des Systems, ist diese natürlich – wer hätte es anders gedacht – hoch effizient. Doch in unserem normalen, von Grundbedürfnissen geprägten Leben als Mensch ist die Technik nicht immer ein Segen.

Geo-Engineering - Haarp, Chemtrails

Es ist seltsam dieses Thema anzusprechen, da die meiste Bevölkerung direkt an Verschwörungstheorien oder an „Quacksalbern" denkt. Doch wie nah und wie weit wird dieses Geo-Engineering wirklich ausgeführt?

Wenn man der Bevölkerung sagt, dass die Wolken in Dubai künstlich geimpft werden und es dort auf einmal anfängt zu regnen, findet es jeder grandios und klasse doch wenn man von Chemtrails redet wird man oft nur belächelt.

Es ist wie auch viele andere Sachen ein komisches Phänomen. Viele Menschen können auch nicht Contrails und Chemtrails unterscheiden.

Es ist aber relativ leicht zu erklären und jeder Chemiker der in die Luft schaut, müsste es eigentlich wissen.

Die sogenannten Contrails, sind Überreste von Kerosin. Kerosin verbrennt oftmals ziemlich sauber, sodass es keine Reste in der Abluft gibt und auch keine Kondensstreifen.

Die Medien haben bisher sehr viel dazu beigetragen, dass die sogenannten Verschwörungstheorien in der allgemeinen Bevölkerung denunziert werden.

Doch wie erklären sie dann im gleichen Zug die Schlagzeilen, dass China neue Haarp-Anlagen gründet und das Wetter manipuliert, sowie Russland und Amerika ebenfalls Haarp-Anlagen benutzen um das Wetter zu manipulieren. Diese Versuche gibt es und sind auch nicht gerade versteckt.

„Auszug von Merkur.de"

Schon seit einigen Jahren bemühen sich die Emirate um Lösungen der strapaziösen Klimasituation und setzen dabei auch auf die Expertise von renommierten Forschungseinrichtungen im Ausland. Ein Projekt zur Regenbildung entstammt eines Förderungsprojekts der University of Reading aus Großbritannien: per Elektroschock künstlich Regen erzeugen.

Schon seit 2017 wird in Dubai, der größten Stadt der VAE, auf "Cloud-Seeding"-Technologie gesetzt. Im Zuge dessen werden mit Flugzeugen Chemikalien wie Silberjodid in die Wolken geschossen, wodurch die Bildung von größeren Regentropfen forciert wird ("Wolkenkondensation") - sodass mehr Niederschläge kommen. Nun jedoch - und das ist die jüngste Entwicklung - werden Wolken über Dubai mit Elektrizität manipuliert.

Die Bipolare Form der Medienmanipulation ist hierbei einfach nur erschreckend. Auf der einen Seite gibt man zu, dass alles möglich ist in der Troposphäre und in den Stratosphären und auf der anderen Seite berichten sie von irgendwelchen Verschwörungen. Ein natürlicher Menschenverstand, weiß hierbei ganz genau was wahr ist.

Sogar Bill Gates investiert in das Geo-Engineering. Wer diesen Mann verfolgt, kann viel lernen, denn er steckt irgendwie in jeder neuen Technologie, welche einen Einfluss hat tief mit drin.

Doch auch Solar Engineering ist hier vor Allem von Wert. Es geht darum die Sphären der Erde zu verdunkeln mit verschiedenen Partikeln, welche schändlich sind, damit das Sonnenlicht nicht komplett durch die Sphären durchdringt und die Erderwärmung nicht weiter stattfindet.

Es ist also eine sehr große Sache und sollte nicht mehr als eine Verschwörungstheorie betrachtet werden. Sogar Stellar und Boeing sind derzeit im Aufbau von Wetterballons oder konstant fliegenden Stationen innerhalb dieser Sphären. Wahrscheinlich geht es hierbei nicht nur alleine um die Bandbreite vom Wireless Internet und dessen Frequenzen, sondern ebenfalls auch um die Zuführung von Haarp-Technologien oder Geo-Engineering Modulen. Dies würden natürlich auch kostengünstiger für die komplette Chemtrail Industrie sein.

Ein weiterer Bericht aus China:

China forscht seit Jahren an Mitteln, um das Wetter zu beeinflussen. Laut einer neuen Studie der **Tsinghua Universität in Peking** wurde das Wissen jetzt eingesetzt, um bei der 100-Jahr-Feier der Kommunistischen Partei für Schönwetter zu sorgen, berichtet der *Guardian.*

Bisher gab es unbestätigte Gerüchte, dass China bereits in der Vergangenheit das Wetter manipuliert hat. Auch bei den Olympischen Spielen 2008 soll das passiert sein. Laut der Studie gäbe es jetzt aber deutliche Hinweise **darauf, dass das am 30. Juni 2021 passiert sei.**

Wolken wurden mit Raketen geimpft

China habe demnach die Technik „**Cloud Seeding**" (Wolkenimpfung) eingesetzt. Dabei wird **Silberiodid** in der Wolkenschicht freigesetzt. Wasser Tröpfchen formen sich in Clustern um diese Partikel, was die Chance auf Regen erhöht.

Am 30. Juni, dem Tag vor den Feierlichkeiten, habe die Regierung eine **2-stündige Cloud-Seeding-Operation** vorgenommen. Bewohner*innen der Bergregion rund um Peking hätten gesehen, wie Raketen in den Himmel geschossen wurden. Diese sollen laut der Studie das Silberiodid freigesetzt haben.

Und im Anschluss ein Bericht aus Amerika:

raue, verregnete Tage, aber kein bisschen Schnee. Auch 2020 war bisher ein richtiger Schmuddelwinter - und das selbst in höheren Lagen, wo es normalerweise schneit. Forscher aus den USA wollen sich damit nicht abfinden. Sie testen umstrittene Wettermanipulationen. Ein Wissenschaftsteam der University of Illinois und die Atmosphärenforscherin Katja Friedrich von der University of Colorado injizierten mit einem Flugzeug Silberiodid in Wolken über West-Idaho und berechneten erstmals den dadurch ausgelösten Schneefall.

Silberiodid ist ein gelbliches Salz, durch das die Tropfen oder das Eis in einer Wolke schwerer und größer werden. Die Wolke kann die Tropfen oder Eiskristalle schließlich nicht mehr halten. Dann gibt es Regen - oder im Fall von Idaho Schnee. Die Technik ist nicht neu, allerdings gab es bislang wenig belastbare Daten über die tatsächliche Wirkung der eingebrachten Chemikalien in die Wolken.

So konnte bislang nicht nachgewiesen werden, ob es Niederschlag gab, weil die Wolken manipuliert wurden - oder es ohnehin geregnet oder geschneit hätte. Das US-Forscherteam behauptet nun, erstmals konkrete Messdaten zu haben: Mit einer Injektion sei rund eine Stunde lang Schneefall erzeugt und eine Fläche in der Größe des Saarlandes mit weniger als einem Millimeter beschneit worden.

Da soll nochmal jemand sagen, dass Verschwörungstheoretiker nicht recht haben. Das Problem was der Staat und die Wissenschaft haben ist, dass wenn einmal jemand sowas glaubt natürlich auch die ganzen anderen Verschwörungstheorien, welche teilweise keine sind, hinterfragt werden und von der breiten Masse verstanden werden. Dies würde bedeuten, dass sowohl die Medien als auch der Staat als Feindbild manifestiert werden.

Doch warum sollte man diese demnach als Feid sehen?

Ganz einfach das sogenannte Silberiodid ist nicht nur für den Menschen hochgiftig, sondern für die ganze Umwelt und alle Lebewesen.

Silberiodid (auch: Silberjodid) ist eine chemische Verbindung aus Silber und Iod. Es ist ein gelbliches, in Wasser unlösliches Salz. **Silberiodid** wird mit Aceton gemischt aus Hagelfliegern versprüht, um in der Atmosphäre kleinste Kondensationskerne zur gezielten Regen- oder Hagelbildung zu erzeugen.

Silberjodid ist **giftig** für Menschen, Tiere, Pflanzen und Gewässer. Es wird mit dem Piktogramm Fisch und Baum gekennzeichnet. Das Eindringen von **Silberjodid** in Oberflächen- und Grundwasser bzw. Kanalisation sollte verhindert werden.

Dies war der kleine Einblick in die Wettermanipulation. Natürlich sollte man sich immer seine eigene Meinung machen und nichts als absolut ansehen, denn sogar die Medien berichten im Bipolaren System von beiden Seiten, sodass sie auch von keiner der Gegenparteien angeprangert werden können. Die Medien sind hierbei bekanntlich nicht darauf aus Wahrheiten zu verkünden, sondern eine bestimmte Reichweite zu erzielen für Profit. Hierbei ist jede Methode recht auch wenn es zum Nachteil von Randgruppen ist, welche bereits die Lügenmechanismen lange durchschaut haben und in dieser Welt rumlaufen ohne Anklang dessen Meinung zu finden.

Es ist nicht nur möglich das Wetter zu beeinflussen, sondern genau zu bestimmen wo, wann und wieviel regnen oder schneien soll. Dies ist für mich ein gewaltiger Beweis, dass noch viel mehr möglich ist, als man es uns erzählen vermag. Möglicherweise können auch Blitzentladungen oder kleine Fluten (ausgelöst durch Regenfall) durchgeführt werden. Doch für den normalen Bürger scheint es bisher immer noch sehr unwahrscheinlich zu sein, obwohl alle Beweise öffentlich einsichtig sind und es keinen Zweifel gibt, dass der Mensch auch beim Wetter Gott spielt.

Das Kontrollsystem von Verträgen und Finanzen

Blockchain

Die Blockchain ist wie ein Algorithmus, welcher in mehrere Blöcke eingeteilt ist und mit Rechenleistung aufgeschlüsselt werden kann.

Diese Blöcke bzw. die Rechenleistung für die Blöcke, können durch

Hardware (Proof of Work) oder durch Software (Proof of Stake)

Gerechnet und verarbeitet werden.

Hierbei geht es um Daten, Smart-Contracts, und viele verschiedene Datenpakete die über die Blockchain laufen können. So können Spiele, Votings, Bundestagswahlen, Zahlungsverkehr,

Social Media-Daten allesamt über eine Blockchain laufen und entweder zentralisiert oder dezentralisiert werden.

Kryptowährungen

Kryptowährungen sind einfach Währungen die auf einer Kryptographie beruhen. Die Ziele der Kryptographie sind Vertraulichkeit, Integrität, Authentizität und Verbindlichkeit. Dies geschieht durch die Kryptowährungen, welche von „Krypto"="geheim" und „Graphie"="Schrift" abgeleitet werden können.

Es soll möglichst viel Sicherheit gewährleisten und eine viel schnellere Datenverarbeitung gewährleisten als zuvor. Krypto-Systeme dienen vor Allem dazu, eine digitale Signatur durch Verschlüsselung zu erschaffen und Smart-Contracts (also digitale Verträge mit der Smart-Technologie)

zu erschaffen. Hierzu gibt es sogenannte Explorer, ähnlich wie der Internetexplorer Internetseiten findet, kann ein Explorer für Krypto Transaktionen genaustens nachvollziehen von wem und zu wem Krypto Transaktionen geflossen sind. Für die jeweilen Kryptowährungen kann der Ersteller jeder Kryptowährung ein eigenes Konzept für die Wertigkeit Ausarbeiten und veröffentlichen. Diese Kryptowährungen kann man separat kaufen und eine Kryptographie eines Gaming-Unternehmens, eines Finanzunternehmens, eines Social-Media Unternehmens oder viele mehr Konzepte unterstützen. Je mehr in eine Kryptowährung investieren und so erfolgreicher die jeweilige Kryptowährung ist, desto mehr steigt ihr Kurs und dessen Wertigkeit. Durch das halten, minen oder minten, werden die Transaktionen der einzelnen Anbieter aufrecht gehalten.

Kryptowährungen sind nicht von heute auf morgen weg, denn sie sind der nächste Kryptographische Prozess.

Wenn man in der Geschichte blättert, findet man in der Historie der Kryptographie Wandmalereien abgelöst von Zeichen und weitergeführt durch Alphabete und Schriftsetze auf Papier. Mit der Digitalisierung kam dann das e-Papier beziehungsweise die digitale Schrift und somit die Einleitung von Web 1.0-2.0. Dies sind öffentliche Schriften. Es gibt jedoch auch Geheimschriften wie z. B. den Morse-Code oder die Chiffrierung. Besonders die Chiffrierung wurde damals in der BRD vermarkten und etliche Chiffriersysteme (*Kryptographien*) in der Welt verkauft. Diese Systeme sollten verschlüsselte Sicherheit bieten, doch waren diese mit einer Hintertür für die BRD einlesbar, sodass die BRD zur damaligen Zeit alle Menschen ausspionieren konnte. Dieses Verfahren der Spionage geht bis heute in die Geschichte ein und war einer der sagenhaftesten Spionageaktionen der Welt.

Man sieht die Technologie ist alt und nicht neu. Doch die Währung in Kombination mit der Kryptographie wurde erstmals von dem Pseudonym Satoshi Nakamoto mit dem Bitcoin als erste und bisher wertvollste Kryptowährung eingeleitet. Der echte Erfinder von der Kryptowährung „Bitcoin" wurde bis heute nicht identifiziert. Es gibt nur Gerüchte doch keine handfesten beweise. Die Philosophie und die Idee von Satoshi Nakamoto war es, Währungen zu dezentralisieren und überall von jedem und durch jeden bezahlbar und möglich zu machen. Voraussetzung hierzu ist natürlich ein Internetzugang und Strom.

Zusammengefasst sind Kryptowährungen nichts anderes als ein durch Währung messbares Verschlüsselungsverfahren oder Transaktion sowie Datenverarbeitung.

Somit werden im Groben Daten zu Geld gemacht. Hierbei geht es um alle Daten wie schon bereits erwähnt. Doch nicht nur für die Dezentralisierung sind die Kryptowährungen spannend. Zentralbanken wie die EZB und viele weitere haben bereits eine ISO Norm im Zahlungsverkehr eingeleitet welche sich ISO 20022 nennt. Unter diesem Konzept befinden sich zahlreiche Namen wie JP Morgan, Stellar, SAP, IOTA für das Internet der Dinge und viele weitere bekannte Unternehmen, welche die Digitalisierung des Geldes weiter antreiben möchten.

Die Digitalisierung des Geldes hat sowohl Vorteile als auch Nachteile. So ist ein großer Nachteil der Digitalisierung, dass man die Krypto Gelder wie in einem Social-Kredit-System in China aufgrund von Fehlverhalten zur Regierung gänzlich blockieren kann. Das heißt, dass von heute auf morgen die komplette Kaufkraft eingeschränkt, handlungsbedingt oder komplett weg ist.

Hier wird die soziale Eingliederung beziehungsweise die Gehorsamkeit und die Unterdrückung eines Individuums begünstigt.

Anderenfalls gibt es Vorteile wie die immensen Gewinne der Währungen, welche den ein oder anderen in einer kurzen Zeit zum Kryptonär gekrönt hat.

Die Zeit der Kryptowährungen ist grade erstmal in dem Mainstream eingetroffen und wird uns wahrscheinlich lange begleiten.

Die Optimierung ist derzeit im vollen Gange, sodass immense Stromkosten durch Proof of Work (schürfen durch Hardware) bald komplett möglicherweise durch Energieeffizientere Verfahren wie (Proof of Stake), welche 99 % weniger Strom verbrauchen ersetzt oder ergänzt werden.

Wenn hier ein Staat sagt, dass Kryptowährungen viel Stromver-
brauchen und deshalb verboten werden ist dies nur bedingt richtig,
da es Kryptowährungen gibt, welche die Transaktionen von Sepa-
Lastschriftverfahren und weitere Datenaustausch Aktionen von
Banken energietechnisch und energieeffizient sowie transfertech-
nisch bei weitem in den Schatten stellen. Deshalb sind Kryptowährungen nicht nur eine Bedrohung für das ganze Bankensystem,
sondern auch die neue Möglichkeit das Bankensystem ein weiteres
Mal zu revolutionieren indem die Banken ihr eigenes Konzept
perfektioniert haben. Die Planung ist bis 2025 und wird und dieses
Jahrhundert mit dem digitalen Euro oder einer anderweitigen
Kryptowährung vom Staat begleiten.

Soziales Kreditsystem

Das soziale Kreditsystem hört sich harmloser an als es tatsächlich
ist. Die meisten Menschen können sich vorerst auch ziemlich wenig
darunter vorstellen. Erst mit einem Blick nach China oder mit einem
Blick in die globalen Ziele von einigen Organisationen wird das
Gesamtbild des sozialen Kreditsystems enthüllt. Es geht hier um
eine sehr starke Kontrolle der sozialen Interaktionen, welche meist
Online durch Zugangssysteme gesteuert werden. Ob es der Einkauf
ist, die Geldabhebung von neuer geldbasierter Freiheit oder ob es
der nächste Tankstopp an einer Tankstelle ist. Es wird nahezu alles
mit der persönlichen Zugangsnummer oder sozial Nummer
verknüpft. Geld, Freiheit, Grundbedürfnisse, Luxusbedürfnisse,
Reisefähigkeit, sozialer Status. Alle Punkte werden gesteuert durch
den sozialen Kredit. Hier gibt es ein Punktesystem wie gefügig die
Menschen sind und wie sehr sie dem System zugehörig sind und
dies unterstützen. Menschen die mit dem System nicht zufrieden
sind oder Kritik äußern sind ziemlich schnell in einer negativen

Bilanz des sozialen Kreditsystems. Was dies bedeutet kann jeder einzelne wahrscheinlich nachvollziehen. Ein falsches Wort über die Politik oder das nicht nehmen der medizinisch aufgezwungenen Medikamente könnte einen kompletten Ausschluss aus der Gesellschaft sein. Es ist der Moment, wenn das Konto mit Geld voll ist aber der Zugang verweigert wird und man mit leeren Händen, mit nichts vor dem Supermarkt steht.

Das soziale Kreditsystem ist so umfassend an Kontrolle, dass es eigentlich unvorstellbar ist. Diktatoren oder Weltherrscher aus der früheren Zeit hätten sich eine solche Kontrolle nicht einmal im finsteren Traum ausdenken können. Eine ganze Gesellschaft aufgrund des Verhaltens zu kontrollieren und dann auch noch mit einem Knopfdruck von allen Geldflüssen und Freiheiten auszuschließen, ist eine sehr fragwürdige Strategie.

Bevor man ein solches System für das Volk „den Mainstream" einführt, sollte man dies anstatt innerhalb des Volkes, in der Politik umsetzen.

Demnach sollte man Politiker mit dem Grad der Gehorsamkeit und Zugehörigkeit zum Volk bewerten. Politik sollte nach den Lehrbüchern das Volk vertreten.

Man kann Systeme immer ziemlich vielseitig aufbauen, doch die meisten Systeme sind immer mit einem gewissen „ABER" bestückt. Sie geben uns Freiraum für etwas Freiheit, Hoffnung und Glück doch wenn das gewisse „ABER" eintritt, wird es immer zum Nachteil des Volkes sein.

Warum gibt es dieses „ABER" nicht für die Politik. Wenn ein Politiker nicht dem Volke dient, warum wird hier kein Nachteil der gesamten Politik ausgeübt. Diese freie Machtausübung ohne Folgen ist in der heutigen Zeit unangemessen und sollte schleunigst geändert werden.

Währungen generell

Das Papiergeld wie wir es heute kennen, wurde erstmals in China eingeführt. Komischerweise geschieht das gleiche zurzeit mit der Kryptowährung, welche enorm vom chinesischen Unternehmen Binance lanciert wird.

Im römischen und griechischen antiken Zeitalter hat man oft mit Edelmetallen wie Silber oder Gold gezahlt. Weiterhin gab es auch vor dieser Zeit weitläufig ein Tauschgüterverfahren, sodass man seine Werte teilweise den jeweiligen Sachen zusprach und miteinander tauschte.

Mit und mit wurde das Tauschgeschäft sowie der Schwarzmarkt (nicht systemkonforme Markt) von den Währungen verdrängt.

Systematisch wurden die Währungen durchgesetzt und damit Inflation und Deflation maßgeblich von der Kontrollebene der Währungsautorität geprägt.

Freiheit

Freiheit. Was ist für manche Freiheit? Freiheit ist mindestens genauso komplex wie Liebe.

Für manche fängt genau dort Freiheit an, wo sie bei anderen aufhört.

Wir haben einmal die bedingungslose Freiheit, welche uns von Geburt an gegeben ist und in diesem Zusammenhang haben wir die

Freiheit, welche wir selbst für angemessen halten. Weiterhin ist die Freiheit von unseren Grundgesetzen abhängig. Hierdurch wird bereits unsere Freiheit, welche wir durch Geburt erhielten, massiv eingeschränkt. Es finden gewisse Vorgaben statt, sodass wir uns selber ein Konstrukt der Freiheit (mit definierten Grenzen) schaffen müssen.

Hier unterscheiden sich verschiedene Person mit der Anpassung an die Vorgaben. Es werden ganz klar diverse Handlungen und auch Vorgaben gemacht, sodass wir bewusst nicht unsere vollste Freiheit erlangen können. Wir sind einem Narrativ unterlegen, welches stetig an Machtzuwachs gewinnt, da es die Massen kontrollieren und in dessen Freiheit massiv einschränken kann. Dies passiert sogar legal, weil das Bewusstsein der Legalität ebenfalls von diesem Narrativ erfunden und ausgeführt wird.

Somit passt das Konstrukt mit unseren selbstgemachten Freiheitsgrenzen überein, mit den Konstrukt Grenzen die vom Narrativ (Staat) geschaffen sind. Dies wird stetig durch die ausführenden Organe überwacht. Wir sind also bereits in ein Konstrukt der Freiheit hineingeboren, ohne dass wir dies selber entscheiden oder sogar ablehnen durften.

Wir leben in einer bedingten Freiheit. Wer es kritisch sieht, kann sogar sagen, dass wir in keiner Freiheit, sondern in Kontrolle leben. Diese Kontrolle sollte bereits jedem aufgefallen sein.

Dies sollte sich jeder vor Augen halten und die Realität bewusster wahrnehmen.

Wahrheit

Die Wahrheit ist nicht immer schön und kann oft mit den Realitäten des Individuums nicht übereinstimmen oder im gleichen Zuge kollidieren.

Die Wahrheit wollen viele nicht unbedingt immer hören, da sie oftmals nicht in die Realität des einzelnen Individuums passt oder nicht verstanden werden kann.

Ebenfalls kann die Wahrheit jedoch auch schön sein und neue Möglichkeiten hervorbringen. Ein gutes Beispiel ist die Wissenschaft und unser Wissensstand, welcher nur auf Theorien und Erkenntnissen beruht die mit der weiteren Forschung zu immer neuen Ergebnissen kommt. Es ist kein stigmatisierter monotoner Prozess, denn die Wissenschaft erfordert das gelernte umzudenken, zu hinterfragen, neu zu formen und seine Realität immer aufs Neue anzupassen.

Wahrheit ist die Welt wie sie seither funktioniert, während die Realität nur die Wahrnehmung ist, wie sehr und in welchem Umfang oder mit welchem Wissensstand man sie wahrnimmt.

Als einfaches Beispiel sind damalige Heiden die an Zeus geglaubt haben und dachten die Blitze oder das Feuer war von Göttern. Die Realität damals, also dessen Realität war für diese Menschen wahr, doch die Wahrheit ändert sich nie. So haben wir heutzutage eine komplett andere Realität und nehmen diese, genauso wie damals die ältere Bevölkerung, als eine vereinbare Wahrheit für uns selbst an.

Sofern andere Menschen eine andere Realität oder Wahrheit verinnerlicht haben, sollte man auch diese respektieren und den Menschen seine eigene Realität nicht aufzwingen.

Die Wahrheit ist demnach bedingungslos richtig. In der Wahrheit ist alles erklärbar von Atom bis hin zum Kosmos und darüber hinaus. Da wir von dem alles erklärenden Zeitpunkt noch weit entfernt sind, leben wir in einer bedingten und an der Wahrheit angelehnten Realität des Kollektives und des Individuums.

Variationen der Freiheit

Bedingungslose Freiheit

Die bedingungslose Freiheit, ist unsere angeborene Freiheit. Es sollte eigentlich zu unseren Grundbedürfnissen gehören, sodass wir uns frei entfalten und bewegen können. Wir sind von Grund auf frei. Man sagt oft „Frei wie ein Vogel". Dies ist berechtigt, ein Vogel hat keine Ampel oder keine Flugrichtung vorgegeben. Er kann jederzeit entscheiden, wohin er wann fliegt und dessen Richtung selber entscheiden, lenken oder anpassen. Bedingungslose Freiheit, ist wie der Name schon sagt, an keiner Bedingung oder Grundgesetz gebunden. Unserer bedingungslosen Freiheiten sind zum Beispiel atmen, sehen, riechen, schmecken, fühlen und noch einige mehr.

Bedingungslose Freiheit erleben wir, wenn wir die Schönheit der Welt ohne einen Filter betrachten können und dürfen. Es ist eine Selbstlenkung ohne Fremdgesteuert zu sein. Seine eigenen Gedanken und Bedürfnisse ausleben zu können, ohne von einer anderen Person manipuliert, kontrolliert, eingeschränkt oder überwacht zu werden.

Es ist wie ein Gleiten durch den Strom der Zeit. Bedingungslose Freiheit ist; genauso zu sein, wie man sich vorstellt zu sein.

Diese Freiheit haben wir bereits von Geburt an, dem System übergeben und haben einen sehr kleinen Entscheidungsfreiraum der an Bedingungen und Regeln des Systems geknüpft sind. Man muss immer Systemkonform handeln. Alle Schöpfungen die nicht systemkonform handeln, werden als Systemgegner eingestuft und systematisch als Feind des Gemeinwohles deklariert.

Bedingte (kontrollierte) Freiheit

Das ist die Art von Freiheit in der wir leben. Nicht nur wir, sondern auch Tiere mit denen diese Versuche begannen.

Es ist die Freiheit mit Grenzen und Schranken. In gewissen Punkten haben wir eine bedingte Freiheit von 20 % in Relation zur realen Freiheit von 100 %.

Diese bedingte Freiheit wird durch folgende Aspekte eingeschränkt:

1. Geld

Manche Sachen und Freiheiten sind uns erst dann gewährt, wenn wir einen gewissen Luxusstatus erreicht haben. Vielmehr sind die komplette Gesellschaft und unser Leben so aufgebaut, das wir ohne Geld schon fast gar nicht mehr leben können. Also ist Geld das stärkste Maß, um die Freiheit zu kontrollieren oder aber einzuschränken.

2. Gesundheit

Unser Körper ist eine biologische Maschine der Selbstheilung. Alles was diese dafür braucht, ist aus der Natur gegebene Rohstoffe, welche uns normalerweise umsonst zur Verfügung stehen sollten. Medikamente werden genau aus diesen Rohstoffen gewonnen und synthetisiert – oft jedoch mit fatalen Nebenwirkungen, weil die Forschung nicht eine derart komplexe Natur nachbilden kann.

Unser Gesundheitsstatus ist oftmals die Bedingung wie sehr wir am „öffentlichen" (kontrollierten) Leben teilnehmen können. Oftmals wird hierzu ein Impfstatus, eine gewisse Arbeitsfähigkeit oder ein gesunder Status verlangt. Sofern man diesem nicht entspricht kann man diverse Tätigkeiten oder Aktivitäten nicht wahrnehmen.

3. Informationen

Informationen sind der Schlüssel unseres Gehirns wie bereits Friedemann Schulz von Thun dargestellt hat, geht es um Informationen von biologischer sowie von künstlicher Intelligenz und programmierbare Informationen durch Algorithmen.

Hierbei können diese Informationen durch den Entschlüsselungsmechanismus in unserem Gehirn verarbeitet, manipuliert, informiert, gelenkt oder aber gesteuert werden.

Manche Informationen können gewisse Völker und dessen Verhalten lenken oder steuern. Sobald die

Menschen zum Beispiel die Mainstream Medien oder aber auch andersartige Informationen erhalten, wird dessen Unterbewusstsein indirekt ausgelöst und das Schubladendenken beginnt Informationen zu sortieren, beurteilen oder aber zu analysieren.

4. Zeit

Man sagt immer „Zeit ist Geld" doch ist oft der Zusammenhang von Zeit und Leben nicht berücksichtigt. Denn Zeit ist leben und wenn Zeit, Geld ist, dann beeinflusst uns Geld weniger als Zeit. Besonders die Arbeitszeit oder die Zeit um dem gesellschaftlichen Leben konform zu bleiben, beeinflusst und vermindert unsere freie Zeit.

Jeder weiß wieviel die Leute in der Testschlange, Impfschlange, Stauschlange oder ähnliches verschwenden. Ebenfalls laugt uns zum Beispiel die Arbeitszeit so sehr von der Energie her aus, dass wir unsere Restzeit unbewusster wahrnehmen können und meist müde oder abgeschlagen sind. Meist will man dann nach der Arbeitszeit nur noch Serien, Fernsehen, Nachrichten oder Radio zum besudeln hören/sehen.

5. Soziale Kontakte

Die sozialen Kontakte spielen eine sehr wichtige Rolle, da ein Mensch immer nach Bestätigung oder nach Anerkennung strebt. Oftmals ist es so, dass weniger soziale Menschen sich nicht so sehr von einer Gesellschaftsform oder Gruppierung beeinflussen lassen als Menschen die sehr sozial sind. Soziale Kontakte können die Entscheidungen eines Individuums beeinflussen, sodass man dazu gehören möchte oder zum Beispiel nicht ausgeschlossen werden möchte. Demnach machen viele Individuen oft Aktionen rein aus dem Kriterium nicht aus der Freundschaft oder Familie ausgeschlossen zu werden. Wichtig ist hierbei, dass dies nicht nur negativ, sondern auch positive Aspekte mit sich führt. Denn der soziale Umkreis kann einen oft aus deiner eigenen Komfortzone herausholen und mit demjenigen aktiv interagieren, sodass man die Gegenwart bewusster gemeinsam wahrnehmen kann. Dies kann natürlich auch als Ansporn für das Individuum sein, seine Komfortzone (das kleine geistige Schutzschild) zu verringern und die sozialen Kontakte in das imaginäre. psychisches Kontaktbuch beziehungsweise in sein persönliches soziales Netzwerk aufzunehmen.

Man sagt oft das Sprichwort „Zeig mir deine Freunde und ich sag dir wer du bist". Dies ist mit dem Grad richtig, indem die Person selbstentscheidend handelt oder eine Art Fremdsteuerung und sozialem Druck unterliegt. Vermutlich kennt es jeder das Gefühl sich selbst und anderen gerecht zu sein und bestimmte Anforderungen oder Ziele innerhalb der Gesellschaft zu erfüllen.

6.   **Stress - Noradrenalin**

Durch Stress können Fehlentscheidungen zu Gunsten von anderen Investoren, sozialen Bereichen oder zum Beispiel zu Gunsten vom Staat durch den einzelnen Bürger ausgeführt werden.

Stress ist aber auch oft positiv und lässt uns zum Beispiel schneller oder aber effizienter arbeiten. Stress ist notwendig, doch es ist ziemlich gesundheitsschädlich, wenn wir diesem stetig ausgesetzt sind. Für kurze Zeit kann dies jedoch ziemlich nützlich sein und kann unsere Psyche negativ sowie positiv beeinflussen. Stress wird oft durch schlechte Nachrichten oder belastete Nachrichten innerhalb unseres Nervensystems aufgenommen.

Mit Stress kann man biologisch und kognitiv Massen lenken, kontrollieren und im sogenannten „Fight/Fly" Modus halten. Dies heißt nichts anderes als das unter bestimmten Voraussetzungen ein Mensch entweder kämpft, flieht oder in Schockstarre verweilt.

Die Reaktionen unter Stress sind durch das Individuum nicht nur physisch, sondern in der heutigen Zeit sehr psychisch ausgeprägt.

Ein Beispiel:

Moritz sein Telefon klingelt andauern. Er hat stress hierdurch und kann sich entscheiden zwischen den folgenden drei Situationen:

1. Kampf – Moritz nimmt jedes eingehende Telefonat entgegen und arbeitet sich durch die Telefonate hindurch.

2. Fliehen – Moritz geht aus seiner Wohnung und lässt sein Telefon dort liegen und beschäftigt sich mit anderen Sachen.

3. Schockstarre – Moritz lässt sein Telefon klingeln und verweilt in einer kleinen Form einer Starre, sodass er das Klingeln des Telefons komplett ausblenden kann. Genau diese

Schockstarre beziehungsweise der Mechanismus des Ausblendens ist besonders essentiell, da man heutzutage immer mehr mit Ablenkungen von seiner eigentlichen Bestimmung, Aufgabe oder Tätigkeit abgelenkt und gestört wird.

7. Glücksgefühle - Dopamin

Dopamin ist ein Glückgefühl, wonach wir Menschen definitiv süchtig sind. Doch nicht nur wir Menschen sind hiernach süchtig, sondern auch Lebewesen wie zum Beispiel Hunde, welche mittels Dopamins und Leckerli Belohnungen mit der bekannten Methode des „Gut gemacht", „Brav" psychisch und physisch in Form von essen konditioniert werden.

Auch wir Menschen werden oftmals – wenn auch unbewusst – mittels Belohnung oder Bestrafung konditioniert.

Ein gutes Beispiel ist hier zum Beispiel, wenn ein Kind nach der Impfung ein Lutscher bekommt und man ihm sagt, dass es tapfer war. Hierbei assoziiert das Kind dies mit einer Belohnung und einer guten Tat.

Im großen Maßstab passiert dies natürlich auch jeden 1. oder jeden 15. Des Monats mit unserer Lohnzahlung. Wir bekommen eine gewisse Vergütung aufgrund unserer Leistung. Dies ist nichts anderes als eine ständige Konditionierung, sodass wir auch immer weiter ein gutes Gefühl zum Arbeiten haben, da wir durch unsere Leistung unsere Grundbedürfnisse sowie unsere Luxusbedürfnisse befriedigen können. Hierbei schütten wir Menschen Dopamin bei Lohnzahlungen, Weihnachtsgeld, Bonuszahlungen und ähnlichen aus. Auch zum Beispiel bei Corona-Bonuszahlungen werden die Menschen konditioniert, dass sie für eine besondere Leistung hier eine Belohnung erhalten. So wird die Corona-Doppelschicht zu einem Vergnügen und weniger zu etwas Negativen für den Einzelnen manipuliert.

Dopamin ist ein großes Thema denn unser Glücksgefühl ist vielseitiger Natur. Sowohl Liebe, Anerkennung und soziale Kontakte sind hierbei eng verstrickt.

In diesem Zuge haben es sich zum Beispiel Plattformen wie Instagramm, Facebook und Amazon zum Auftrag gemacht, Dopamin als digitales psychisches Gut zu vermarkten. Vor Allem ist dies durch die Funktionen Bewertungen, Feedback, Likes, Aufrufe sowie Abonnierende zu erreichen. Wenn man hierzu noch durch Produktplatzierungen durch einen Konzern monatlichen Gehalt bekommt, der Konzern Werbung einspart und die einzelne Person on top noch alle möglichen Dopaminfaktoren der jeweiligen Plattformen erhält, ist hier ein sehr künstliches Dopaminkonzept und Konditionierung am Werk.

Essentiell ist das natürliche Dopamin. Doch immer mehr künstliche Dopamin machen uns von Plattformen oder von Lebensstilen und social Media abhängig. Die Langzeitfolgen von künstlicher Dopamin Erzeugung, endet für viele in einer Depression des Alltagswahns oder in einer chronischen Depression immer mehr Likes, Aufrufe etc. zu erhalten.

Es ist immer so, dass die Dosis das Gift macht, weshalb viele auch oft eine social Media Auszeit beanspruchen und ihr Handy und dessen digitale, oft verzerrte Weltwahrnehmung pausieren.

Angst - Individuum

Angst ist das größte Machtinstrument der Welt, welches kurioserweise auch sehr gut durch das Bewusstsein für die Angst ausgeglichen werden kann.

Angst hat mitunter die meisten Gegenteile unter anderem folgende:

Mut, Selbstbewusstsein, Liebe, Freude, Vertrauen

Angst wird oft als Instrument benutzt. Dies geschieht zum Nutzen des Einzelnen sowie zum Nutzen der Mehrheit.

Angst kann uns psychologisch förmlich in die Kniee zwingen ohne eine physische Tat.

Angst kann uns nicht nur schaden, sondern beeinflusst ebenfalls unseren Alltag.

Wir haben oftmals Angst Menschen oder Dinge zu verlieren. Einen Arbeitsplatz zu verlieren oder aber Geld zu verlieren.

Soziale Angst

Viele Menschen haben eine soziale Angst, nicht zur Allgemeinheit zu gehören beziehungsweise nicht von dieser akzeptiert zu werden, wenn sie nicht den Trendschubladennormen der Gesellschaft folgen. Ebenfalls gibt es einen gewissen sozialen Stand mit Allgemeinbildung und Wissen. Des Weiteren gibt es einen gewissen „normalen Lebensstil" welchem mehr als 70 % aller Menschen folgen und sich ebenfalls wünschen. Um dieser Norm gerecht zu werden, gibt es soziale Gesichtspunkte, welche man erfüllen oder wahrnehmen muss, um nicht als andersartig,

Außenseiter oder komisch zu gelten. Oftmals ist dieses Leben wie ein Baukasten schon von mehreren Menschen als Person gleich oder ähnlich gelebt ohne eine bestimmte Veränderung. Diese soziale Angst ist primitiv und wenig Zielführend, aber sie ist in vielen Köpfen fest verankert.

Lösung der sozialen Angst

Die Erkenntnis als Individuum bereits genug zu sein und ohne Obrigkeit oder Gesellschaftlichen Zwang Genügsamkeit zu zeigen in Form des menschlichen Seins, löst bereits die soziale Angst. Bereits das innerliche veranschaulichen, dass jeder in seinem Individuum anders ist und niemand je gleich sein kann, sondern nur ähnlich, lässt die soziale Angst und damit verbundene kognitive Einschränkung fallen.

Sie ist nur eine Schranke oder ein Zaun womit man sich selbst, seinen Verstand und die Expression seines Verstandes klein hält. Niemand ist dem Stillstand und der Gleichschaltung des Kollektiven unterlegen. Es ist nur ein Gedankengang eines selbst, dies als Notwendig oder auch nicht notwendig zu betrachten.

Entwicklungs-Angst

Die Entwicklungsangst geht oftmals mit Unsicherheit einher und begleitet die Menschen mit einer kognitiven Angst Barriere etwas Neues auszuführen oder zu lernen, welches zuvor unbekannt ist oder anderen Entscheidungskriterien, Religionen, Ethiken oder weiteren Mechanismen der Einordnung unterliegt. Meist ist hier nicht die Angst vor der Gewissen Sache, sondern eher die Versagensangst, ein bestimmter Grad des Wissens innerhalb einer bestimmten mentalen Entwicklung stand halten zu können oder die diversen Filter zu erkennen. Dies ist maßgeblich auch oft von Gesellschaftsformen gegeben, die zum Beispiel sagen, dass eine Gewisse Sache zu schwer ist oder Redewendungen wie „Du bist ein Realschüler oder Hauptschüler" benutzen um gezielt die geistige Stärke zu unterdrücken. Man redet sich demnach oft selbst eine gewisse Entwicklungsblockade und damit verbundene Angst ein. Viele kennen es wenn man eingeschüchtert beispielsweise ein Referat oder einen Vortrag hält. Man hat Angst wie die Reaktionen anderer oder die Reaktionen von einem selbst sein können. Dennoch sieht man durch Feedback oder interessante Fragen der Zuschauer, Zuhörer und Interagierenden Menschen eine Entwicklungssteigerung und ein loslösen von der Angst. Wir reden uns diese aufgrund von schlechten Erfahrungen von uns oder von uns unmittelbar gesehenen Erfahrungen ein.

Lösung der Entwicklungsangst

Die Lösung der Angst von diversen Entwicklungen ist leicht zu nehmen. Man muss sich vor seinen Augen halten, dass jeder im stetigen Wachstum und in der Entwicklung seines menschlichen Wesens ist. Über unsere Person und über unserer Umgebung hinaus, versuchen wir alle nur uns anzupassen und uns dementsprechend zu entwickeln.

Ob wir uns persönlich, beruflich, spirituell oder anders entwickeln, ist hierbei keine Grenze gesetzt. Die einzige Grenze die wir haben ist unsere innere Angst. Eine Angst vielleicht schon zu viel gelernt zu haben oder nicht zu viel zu lernen, sodass unser Gehirn nicht überlastet ist. Doch ob und inwiefern unser Gehirn oder unser Wesen an sich überhaupt zu sehr belastet ist, müde ist oder genug Input von Informationen hat, wird ebenfalls von uns selber bestimmt.

So entwickeln sich manche in einem Jahr mehr als andere in 50 Jahren und manche wiederrum in Intervallen oder in einer Gewissen Zeitspanne ihres Lebens. Hierzu sind oftmals auch bestimmte Ereignisse im Alltäglichen Leben, Verluste, Ängste oder Wünsche beziehungsweise Ziele Entscheidend. Wer einmal sein Ziel vor Augen hat, weiß genau wohin er will und kann seinen eigenen Mechanismus des Lernens und seiner Aktivität zum Erreichen des Ziels aufbauen und ausführen.

Jeder Mensch hat ein anderes Pensum für Aktivität und Aufnahme von gewissen Tätigkeiten und Informationen. Die Verarbeitung von Informationen und dessen Inhalt ist ebenfalls mit einer gewissen Intelligenz behaftet. Unsere Intelligenz wird auch von unserer Biomatrix bestimmt, inwiefern unser Körper unseren Geist beeinflussen und kooperieren kann. So ist es sehr entscheidend wie man sich ernährt und welche Mineralien oder Vitamine man zu sich nimmt, damit man die höchste Wirksamkeit des Verstandes einleiten kann. Dies geht voraussichtlich mit einer direkten körperlichen Gesundheit einher.

Gesundheitliche Angst

Eine gesundheitliche Angst ist unmittelbar und kann leider nicht weggedacht oder gelöst werden. Wir sind auf dieser Erde Besucher und werden leben sowie sterben. Manche leben als würden sie einen Lebensprozess durchmachen, während andere sterben als würden sie einen Sterbeprozess durchmachen. Die einen glauben an Wiedergeburt während die anderen an einem hier und jetzt und an kein Leben nach dem Leben auf der Erde glauben. Die Gemüter sind unterschiedlich und aus der eigenen Philosophie heraus, entscheidend man selbst, in welcher Stasis der Angst man verweilen möchte.

Hierbei sind besonders die Grippe, Viren und Bakterien von betroffen, welche unseren Körper besiedeln und aufrechterhalten oder aber schaden können.

Unser Körper ist eine der wertvollsten, komplexesten und gleichzeitig ältesten biologischen Maschinen auf der ganzen Welt. Wir können Organismen anpflanzen die zu unserem Vorteil benutzen und dadurch Energie und Kraft schöpfen oder aber uns möglicherweise durch diverse Organismen Schaden zufügen.

Viele Menschen sind sich nicht der Kraft der Natur mit all seinen Formen bewusst, sodass sie oft Angst vor Krankheiten haben die sich gefährlich anhören oder welche angeblich schrecklichen Folgen haben. Dies wird oft über Jahre Propagiert oder mit bereits gewesenen Krankheiten dramatisiert, verglichen oder propagiert, sodass das einzelne Individuum automatisch in einer kognitiven Angst fallen kann. Dies geschieht oftmals auch unbewusst. Die Schulmedizin ist strikt hinterher, die Krankheiten und dessen Erscheinungen zu lindern. Doch fragt man sich woher diese sogenannte Schulmedizin kommt, so weiß man, dass diese durch die Pharmakonzerne und besonders durch die Familie Rockefeller im Verbund mit Erdöl entstand. Dies war eine große Wende für die Medizin an sich, welche Ihren Ursprung rein natürlich hat. Damals wurde die Medizin von Hexen, Alchemisten, Heilern und Schamanen praktiziert, welche mit der Industrialisierung durch die Großkonzerne und der Inquisition der Kirche mit komplett aus der Medizin verdrängt wurden.

Hierdurch ist unser Körper durch die Verwandlung von Naturheilkunde in wirtschaftliche Sektoren privatisiert worden und die Macht in einzelne Konzerne und dessen Investoren geflossen. Hierdurch wurden wir Kunde von der Schulmedizin, welche uns seither alle Grundlagen gibt um Symptome zu heilen aber oftmals nicht der Ursache auf den Grund zu geben. So geht man von einem System der Kranken und nicht vom Gesunden aus. Deshalb nennt man es in der Fachsprache auch „Behandlung" man behandelt die Symptome. In der früheren Medizin jedoch war es eine Ursachenbekämpfung. Hierbei ist man gezielt an eine Ursache heran gegangen und hat geschaut, welche Lebensmittel man gegessen hat oder welche Toxine einem vielleicht auch unwissentlich hinzugeführt wurden sind. In manchen Ursachenforschungen hat man auch die geistige Verfassung mit einbezogen, sodass man erkennen konnte, dass man zum Beispiel aufgrund von einer Depression eine Appetitlosigkeit hat. Hierbei hat man nicht die Appetitlosigkeit bekämpft, sondern direkt die Depression an sich.

Viele Menschen haben Angst vor Krankheiten aber tun nichts um die Ursachen schon zuvor einzugrenzen.

Lösung der Gesundheitlichen Angst

Unbewusst sind bereits schon in unseren Kulturen, Religionen oder anderen Mechanismen gezielt eine Heilmethodik eingebaut. So hat möglicherweise jede Religion eine Fastenzeit um den Körper von Toxinen zu heilen. Weiterhin sind in jeder Kultur verschiedene Rezepte integriert mit andersartigen Zutaten, welche eine Vielzahl von natürlichen Heilpraktiken einleitet. So ist zum Beispiel Knoblauch in Italien und in der Kulinarischen Küche verbreitet und beispielsweise Kümmel eher in der Afrikanischen Küche beheimatet. In jeder Region wachsen andere Heilkräuter und werden demnach von jeder ansässigen Kultur genutzt.

Ebenfalls gibt es bestimmte Lebensstile oder Ernährungsstile, um die gesundheitliche Verfassung konstant aufrecht zu erhalten.

Wir haben oftmals vergessen was es mit den Zutaten in den Rezepten von der Großmutter auf sich hat. Selbst die Großmütter sind meistens nur noch Überlieferer der Rezepte und wissen die Wirkung der Inhaltsstoffe von Rezepten nicht mehr. So sind oftmals Wechselwirkungen und kombinierte Wirkungen zur besseren Aufnahme von Vitaminen oder zum Erhalt der körperlichen Gesundheit integriert.

Die Natur bietet uns eine Vielzahl von Heilkräften, welche wir durch essen, trinken, einatmen und durch Fasten (nichts einnehmen) mit unserem Körper verinnerlichen können, sodass wir keine Angst haben müssen, sofern wir nicht durch die gleichen Mechanismen stetig vergiftet werden.

Freiheitliche Angst

Die freiheitliche Angst ist eher Angst davor zu haben, nicht frei mit seinem Körper oder seinem Wesen zu sein. Man ist demnach eingesperrt auf psychische oder physische Art und Weise.

Wir haben alle diese Angst innerhalb des Systems nicht mehr frei zu sein oder dass unsere Freiheit indessen eingeschränkt wird. Wir haben Angst eine bestimmte finanzielle Schicht nicht mehr anzugehören, sodass wir gewisse Freiheiten aufgeben müssen, welche meist am Geldsystem gebunden sind. Die physische Angst die wir haben, uns nicht frei bewegen zu können oder eingesperrt zu werden, ist allgegenwärtig. Doch auch die psychische Angst nicht frei denken zu können oder seine freie Meinung sagen zu können wird im Laufe der Evolution immer mehr zu einem Problem der kognitiven Expression. Viele Menschen haben Angst ihre freie Meinung zu äußern oder generell von einem Kollektivdenken abzuweichen. Viele Menschen leben sogar so, dass sie durch ihre Ängste ihrem eigentlichen Ziel nicht nachgehen, da dies möglicherweise Konsequenzen innerhalb der Gesellschaft geben könnte.

Doch die freiheitliche Angst ist besonders von Beruf, Gehalt und geistiger Bildung geprägt, sodass diverse Gesellschaftsschichten unterschiedliche Ängste haben. Manche Gesellschaftsschichten befinden sich bereits in Mitten der 4. Wirtschaftsrevolution und andere wiederum können grade so noch an der 3. Wirtschaftsrevolution teilhaben.

Besonders im Vordergrund ist sind die Rechte auf Unversehrtheit, Religionsfreiheit, Glaubensfreiheit sowie körperliche Unversehrtheit und geistige Unversehrtheit. Die freie Meinungsäußerung und auch eine kritische und andersartige Meinung sind sehr wichtig für Diskussionen und Aufschlüsslung von Ängsten.

Eine Angst, den Grundrechten im Wohle der Allgemeinheit beraubt oder eingeschränkt zu werden ist ebenfalls äußerst präsent und in der heutigen Zeit leider viel zu oft als Mechanismus von der Politik zum Wohle der Allgemeinheit und zur Schwäche des Individualismus missbraucht und mit Füßen getreten.

Lösung der Freiheitlichen Angst

Die Lösung der freiheitlichen Angst ist es zu verstehen, dass Angst eine Illusion ist und dass jeder Mensch frei ist. Es ist nur die

Person, also unsere Rolle die wir spielen in diesem System, welche gewissen Einschränkungen innerhalb des Systems unterliegen.

Wir sind die einzige Spezies die ein System brauchen. Wenn man andere Tierarten anschaut, erkennt man schnell, dass diese sich nicht auf ihre Artgenossen verlassen und ihren natürlichen Lebensstil alleine bestimmen. Der einzige Unterschied ist, dass diese Lebewesen einen gemeinsamen Stil finden und sich ergänzen. Ähnlich ist unser System aufgebaut. Doch hierbei haben wir oftmals verlernt, dass wir auch alleine auf uns selbst gestellt meist überlebensfähig sind. Man kann dies schnell erlernen und auch teilweise zurück zu den Überlebensfähigkeiten des Menschen finden.

Die Welt ist voll von Möglichkeiten die uns Freiheiten bieten. Hierbei ist das menschliche System nur ein Bruchteil von der Freiheit, welche uns suggeriert und in der wir uns gefangen fühlen.

Wissen und Weisheiten können uns die Angst der Freiheit nehmen und uns ein ganz anderes Bild der Welt verinnerlichen. Hierzu dienen alte Weisheiten von Urahnen oder alten Völkern sowie unsere eigene Erkenntnis zur Schönheit der Natur und unserer Mitmenschen. Wir können in Synergie und ohne Hass sehr viel in dieser Welt effizient verbessern.

Zu dem Ganzen, gibt es dann noch Unterkategorien wie jedem seine eigene Freiheit genutzt werden kann und darf.

Die selbstdefinierte (angepasste) Freiheit

Menschen sind nicht dumm. Wir sind Meister im Anpassen.

In der Literatur spricht man des Öfteren auch vom „Überleben des Stärkeren", wobei hierbei die Stärke oft in diversen Variationen interpretiert wird.

Die größte Stärke ist, sich an Gegebenheiten anzupassen. Man muss nicht immer mit allem im Reinen sein oder diese akzeptieren, damit hierbei eine Anpassung stattfinden kann.

Es reicht vielmals, wenn man weiß wie man den Weg der Mitte geht und hierbei bewusst Diskussionen, Stress und Konflikte meidet.

Ignoranz ist oftmals ein starkes Gut. Besonders wenn es darum geht eigenen Frust und Ärger zu unterdrücken und der eigenen Ignoranz zu unterwerfen.

Psychische (geistige) Unversehrtheit

Es ist unerlässlich, dass die Psyche und der damit verbundene Geist unversehrt bleibt und uns in der Gesellschaft das bedingungslose Recht hierzu zugesprochen wird und dies für ewig besteht.

Der Geist eines jeden ist unantastbar und sollte von keiner erlaubten Weise gestört werden können.

Physische (körperliche) Unversehrtheit

Die physische Unversehrtheit bezieht sich ausschließlich auf die Unantastbarkeit des Körpers durch anderen Menschen innerhalb einer Bevölkerung. Es wird gewährleistet, dass niemand das Recht hat, den individuellen Körper eines jeden bewussten oder unbewussten Schaden zufügt. Egal ob dies indirekt oder direkt ist, sollte dieser Zustand bedingungslos verlangt werden.

Psychische (geistige) Selbstbestimmung

Die psychische Selbstbestimmung ist bei der eigenen Entwicklung und Persönlichkeitsformung sehr entscheidend. Äußere Einflüsse können diese stark bis semistark beeinflussen. Jedem sollte es frei sein über seinen Geist und dessen Input an Informationen, Emotionen oder Expressionen selbst zu bestimmen.

Physische (körperliche) Selbstbestimmung

Die physische Selbstbestimmung ist besonders bei dem Agieren und bei der Fortbewegung entscheidend. Wir selber bestimmen wo wie hingehen und wo sich unser Körper hinbewegt oder aber aufhält. In der Natur zum Beispiel kann man sich freier Selbstbestimmen als innerhalb der Gesellschaft.

Verteilung des Reichtums in der Welt

Die dritte Welt Länder sind nicht arm, sondern sehr reich. Sie haben Mineralien, viel Sonnenlicht und sehr gute Bedingungen für ein Wachstum von Pflanzen wie z. B. Gemüse, Obst und vieles mehr.

Das Land an sich wie zum Beispiel Mexico, Brasilien, Afrika und viele weitere Länder sind sehr reich. Die einzigen die arm sind, sind die Menschen dort und die Infrastruktur, welche die Menschen dort ernähren und wirtschaftlich stabil leben lassen soll.

Diese Länder werden seit langem ausgebeutet. Dort gibt es seit Jahrhunderten Schätze der Natur. Viele Heilpflanzen und

Obstsorten haben dort ihren Ursprung. Diese Länder sind nicht unterentwickelt, sondern Infrastrukturell und wirtschaftlich unterdrückt von der Staats-, Land- und Weltmacht.

Es ist also nicht eine Frage der Möglichkeiten oder der Gegebenheiten in solchen Ländern, es fehlt einfach eine Struktur, welche man schon lange hätte erbauen können.

In diesen Ländern gibt es zum Beispiel mehr Reichtum von Bodenschätzen wie zum Beispiel in Deutschland. Alleine der Amazonas hat einen unvorstellbaren Reichtum an Informationen und Artenvielfalt von Lebewesen beziehungsweise von Organismen.

Heutzutage wird unser Reichtum für unser System oftmals in Geld ausgedrückt. Da alle Währungen den Ursprung aus dem Dollar haben beziehungsweise an ihm angelehnt sind, weiß man auch hier, dass die Kontrolle von Amerika und dessen Zentralbanken wie zum Beispiel BlackRock und Vanguard stammt. Blockrock hat den größten Finanzcomputer namens Aladdin. Dies ist ein Geldanalysesystem, welches an Microsoft verbunden ist und einer Vernetzung von Microsoft und BlackRock ermöglicht. Der größte Kunde von BlackRock ist Vanguard. Bei der Bank Vanguard werden die Finanzen und die Vermögen des Adels und der Königlichen oder Wohlhabenden, zum größten Teil verwaltet. Ein weiterer Gigant der Finanzmacht ist J.P. Morgan. Diese Unternehmen haben so viel Einfluss auf jede Weltwährung, dass sie innerhalb von wenigen Minuten Deflation und Inflation steuern, sodass ein Afrikaner zum Beispiel von heute auf morgen seine täglichen Grundbedürfnisse aufgrund der Inflation nicht mehr decken und zahlen kann. Hierbei geht es nicht um die Vielfalt der Nahrung in Afrika, sondern hauptsächlich um die wirtschaftliche Kaufkraft, welche durch die Inflation bestimmt wird.

Wenn man sich nun die fossilen Energien anschaut ist dies ähnlich an den Kurs vom Ölpreis angelehnt. Hinzu kommen etliche Steuern die den Preis mehr als verdoppeln.

Steuergelder sind dazu da, dass System aufrecht zu erhalten und dies konstant zu erfrischen. Mit diesen Geldern soll die Infrastruktur ausgebaut werden und der Staat Entscheidungsfreiheit erhalten.

Heutzutage sieht man immer mehr einen Wandel der Banken von physischen Wertanlagen in komplette digitale Geldströmungen.

Mit der Digitalisierung werden die Geldströme komplett digitalisiert und über Software und künstlicher Intelligenz verbunden, überwacht, kontrolliert und gesteuert.

Durch die Einführung der künstlichen Intelligenz kann der Geldfluss und dessen Aufgabe revoltiert werden, da sich dieser automatisch über Algorithmen anpassen und auf die wirtschaftlichen Situationen skalieren lässt.

Glaube und Religion

Den Glauben und die Religion verwechseln oft viele. So denken manche man könnte nicht an Gott oder an eine übersinnliche Macht glauben ohne Religion. Dies stimmt jedoch nicht. Man kann gänzlich ohne Glauben ebenfalls an das Gute oder an verschiedene Glaubensgrundsätze festhalten. Man braucht keine Religion hierfür. Eine Religion ist eine Schublade der Personenkommode. Hierfür gibt es sowohl eine Glaubensfreiheit, welche es jedem Menschen erlaubt seinen eigenen Glauben zu vertreten und diesen wahr zu seiner Wahrheit zu nehmen, als auch die Religionsfreiheit, welches jeden Menschen dazu befähigt durch die Person eine Religion (der jeweilige Glaube an bestimmte transzendente (überirdische, übernatürliche, übersinnliche) Kräfte[2] sowie häufig auch an heilige Objekte darstellt) zu glauben. Hier bestimmt jede Religion andere Gegenstände, Institutionen oder Transzendente, welche neben dem eigentlichen Gott vergöttert werden.

Jegliche Religion macht eigene Regelmechanismen fest und sind somit vom Glauben des Individuums losgelöst und stellen ein kollektives Glauben durch die Mehrheit und das Regelwerk der Religion dar.

Das Individuum kann jedoch jeglichen Glauben annehmen und ist losgelöst von jeglicher Demut. Dennoch sind Religionen an sich auch sehr schön und haben eine lange Tradition hinter sich. Sie haben in der Welt viel Gutes und viel Struktur hineingebracht, doch wurden sie auch für Kreuzzüge und Kriege im Namen der Spaltung immer wieder missbraucht. Auch wenn Religionen für viel Schönes benutzt wird, klebt an dessen Mechanismus eine Menge unschuldiges Blut von Kriegen zwischen gebildeten Völkern des Persischen Reiches, der Karthager, der Phönizier, der Ägypter, der Römer, der Griechen und viele weitere mächtige Reiche, welche sich durch Religionskriege gegenseitig in Blutlachen abgeschlachtet haben. Auch heute ist eine Spaltung der Religionen immer noch zu erkennen. Sollten wir wirklich diese Spaltung mitmachen oder uns eingestehen, dass wir miteinander in allen Religionen oder unsere Religionen bei Seite stellen und die Menschlichkeit wirklich vor die Religion zu stellen. Denn das ist was uns das Paradies auf Erden schon bereiten könnte. Ein Miteinander nicht nur innerhalb der Religionen, sondern ein Miteinander innerhalb der Menschlichkeit. Demnach sollte die Menschlichkeit unsere eigentliche Aufgabe sein. Besinnung zur Menschlichkeit, zu unseren Fähigkeiten miteinander in Harmonie zu leben. Mit Gott zu leben in Form von seinen elektromagnetischen Wellen und Dankbarkeit der Spaltung vorzuziehen.

"Die Religion ist eine Art geistiger Fusel, in dem die Sklaven des Kapitals ihre Menschenwürde und ihren Anspruch auf eine halbwegs menschenwürdige Existenz ersäufen."

Wladimir Iljitsch Lenin

"Die Religionen sind verschiedene Wege, die im gleichen Punkte münden. Was macht es, daß wir verschiedene Wege gehen, wenn wir nur das gleiche Ziel erreichen?"

Mahatma Gandhi

"Auch hier erinnert das Läuten der Glocken unaufhörlich an die katholische Religion, wie das Geklirr der Ketten der Gefangenen an seine Sklaverei. Mitten in einem geselligen Gespräch sinken bei dem Schall des Geläuts alle Knie, alle Häupter neigen, alle Hände falten sich; und wer auf seinen Füßen stehen bleibt, ist ein Ketzer."

Heinrich von Kleist

"Wenn alle Religionen Frieden lehren, warum können nicht alle Religionen im Frieden leben?"

Albert Einstein

Manchen Menschen bilden sich ein Urteil über andere Religionen oder über Menschen einer anderen Glaubensrichtung. Doch sind wir nichts Schlechteres oder Besseres, wenn wir anders ausgerichtet sind. Dies ist rein von der Intention eines Individuums abhängig. Natürlich gibt es auch Religions- oder Sektengemeinschaften die eher bösartiger Natur sind. Doch ist man hier streng, so findet man auch in jeder Religion Okkulte Merkmale und Vergötterung von Gegenständen und Symbolen. Für eine kleine Denkanregung ist nur kurz das Kreuzzeugen zu visualisieren, welches jeder einfach so auch unbewusst im Einklang des Kollektivs in der Kirche ausführt. Schaut man sich dies jedoch genauer an, erkennt man durch die Führung von Schultern, Stirn, und zum Herzen ein Kreuz, welches verkehrt herumsteht. Viele verbinden dies mit Satanismus oder ähnlichem. Doch keine Angst denn der Satan oder diese Propaganda vom Bösen ist auch nur ein Mythos und eine Geschichte. So gibt es nur positive und negative Energie und es ist eine Entscheidung von einem selbst, an welche Energie man glaubt und welche Energie man hineinlässt.

Um die Angst letzten Endes komplett zu nehmen, kann man mit Sicherheit davon ausgehen das die Welt immer im Einklang sein wird. Auch wir werden immer im Einklang mit unseren Energien sein, denn das ist unsere Natur. Unsere Energie verschiebt sich generell ab und zu ins Negative oder ins Positive, doch sollte es jedem bewusst sein, dass Angst oder Angst vor etwas Bösen eine Entscheidung ist die man jederzeit ablegen kann. Böse ist nichts auf dieser Welt außer die Grausamkeit, welche ein Mensch einnehmen kann.

Denn der Mensch ist das einzige Lebewesen, welches aus Spaß und aus Lust tötet. Alle anderen Lebewesen – wenn sie töten – dann aus Notwendigkeit des Hungers oder aus Rivalität des Territoriums und zum Schutz ihrer Familien.

Der Glaube ist jedenfalls ein freie Gut und wird auch mit vielen Aspekten geliefert, welche man sich hinaus suchen kann.

Es geht beim Glauben auch nicht immer um Gott, sondern man kann in sich selbst oder an Dinge glauben die existieren oder eben nicht Manche glauben sogar, dass es Reptilienmenschen oder Gestaltwandler gibt. Sie glauben sogar an Dämonen und ähnlichem. Natürlich ist dies ebenfalls Indoktrination und eine weitere Angst Erzeugung.

Doch aufgrund des Glaubens sind viele Menschen gestorben. Manche haben an ihren Heilkräutern oder an ihre gelernten Fähigkeiten im Verbund mit der Natur geglaubt und eine andere Seite wollte alle Menschen ein und denselben Glauben aufzwingen. Der Glaube mit einer Religion geht nicht nur mit Gott einher sondern auch mit allen kulturellen Gegebenheiten. Es ist wie ein Standardfilter, welcher in jede Person eingesetzt wird.

Bereits damals nannte man Menschen die eine andere Vorstellung vom Leben hatten „Ketzer" oder „Häretiker". Doch dies waren normale Menschen die einfach keine Religion haben wollten und diese möglicherweise auch belustigend zur Schau stellten. Per Definition ist es jemand, welcher öffentlich eine andere, als die für bestimmte Angelegenheiten für gültig erklärte Meinung, vertritt.

Jemand der das Kirchliche Dogma damals bezweifelte oder leugnete.

Ketzer kommt von dem griechischen Wort Katharos und bedeutet eigentlich rein und sauber. Auf lateinisch spricht man von den Cathari = „die Reinen". Die spätere Umwandlung des Wortes wurde ins Negative geprägt und wurde als hegelhaft, Sodomit oder verworfener Mensch neu definiert.

Da der Staat und die Kirche Macht auf Übersetzung und auf die komplette Lyrik haben, können diese natürlich auch jegliche Definition ändern. In der modernen Zeit geschieht dies in Wikipedia möglicherweise jede Minute.

Wer also dem Narrativ der Kirche damals nicht folge, wurde per Hexenjagt, Inquisition sowie durch Denunzierung Mundtot oder komplett getötet. Die Hexen wurden verbrannt und die Ketzer gehangen.

Das gleiche Spiel der Kirche können wir heutzutage wieder finden, wenn wir zum Beispiel in Buxtehude hören, dass ein Chor das Lied von Bruder Jakob umgewandelt hat. Sie haben Wort wörtlich folgendes gesungen: „Bruder Jakob, Bruder Jakob lass dich impfen, lass dich impfen noch einmal...". Weiterhin gab es in Amerika eine ähnliche Verbindung von Masken anziehen und Kirchengesang. Die Muster sind leider immer wieder sichtbar und auch die Kirche hat mitgeteilt, dass wenn man sich impfen lässt, man in den Himmel kommt. Solche Aussagen gehen einfach nicht. Sie geben jedoch klar zu bekennen welche Spaltung die Kirche als Unternehmen tatsächlich verfolgt.

Der Schriftsteller Cicero schrieb:" Der Mensch fühlt sich von den Göttern regiert, gelenkt, gesteuert."

Rituale, Riten, Kirchen als Kultstädte und die Verflechtung von Imperium, Glaube, Staat sowie von Politik.

Die damaligen Henker trafen ein mit Kreuz vom gehangen Jesus (König der Juden). Sie befragten die Bevölkerung wer einen anderen Glauben hatte und wer von der christlichen Norm abweicht. Sogar eigene Leute brachte man im Namen Gottes um. Es war eine Verbreitung von Schrecken, Angst und Grausamkeit, welches die Macht der Kirche demonstrierte. Frankreich, Schweiz, England, Deutschland und komplett Mitteleuropa wurde von den Jesuiten besetzt und mental in dessen Bann gezogen. Die meisten Kulturen und Urvölker verschwanden mit der Inquisition und der Hexenjagt. Sie führten die Obrigkeit an und alle die andere Meinung waren hatten einen Aberglauben. Dies ist meist mit überirdischen Kräften von Personen oder Sachen verbunden gewesen. Doch die Kirche glaubt ja scheinbar selber an Aberglauben und der übernatürlichen Kraft des Wiederauferstehens. Also im gleichen Zuge als die heidnischen Römer das Christentum und der Aberglaube an dem Wiederauferstehen einführten, genauso zu dieser und zur späteren Zeit mordeten sie so viele Abergläubige wie sie nur konnten. Es ist paradox doch wenn man ehrlich zu sich selbst ist, dann ist es leider wahr.

Bei den Hexen der damaligen Zeit hatten vor Allem die Männer Angst vor dessen Heilkunde und Kräuterkunde. Man hat sie zu etwas Bösem zugeordnet was aber nur eine Illusion war, da der herkömmliche Verstand der damaligen Zeit nicht erklären konnte, warum das Elixier einer Hexe jemanden heilte oder möglicherweise bewusstlos machte.

Es war eher die Angst vor etwas Andersartigem.

Sehr oft kommt die Lust der Grausamkeit des Menschen zum Vorschein. In dieser dunklen Zeit war es allgegenwärtig.

Genauso wie zum Beispiel die Hexen, war Jesus ebenfalls ein Ketzer der damaligen Zeit. Er diente für die Heiden als Schaubild für alle anderen Ketzer, denn Jesus sagte angeblich selbst, dass er Gott sei.

Komischerweise haben die heidnischen Römer erst nach seiner Auferstehung an ihn geglaubt. Dennoch wird der hängende Jesus gefeiert und überall als Symbol das Kreuz getragen, welches für die Kreuzzüge und die Kreuzigung an sich stehen. Es wird gefeiert, dass der Ketzer gehangen wurde und nicht sein eigentliches Ziel in seiner Geschichte.

So haben die heidnischen Römer nicht nur Jesus, sondern viele weitere Ketzer und Hexen in der damaligen Zeit gekreuzigt. Die Römer waren vorher an ihre heidnischen Götter gebunden genauso wie die Griechen. Zur Staatsreligion gehört als wichtigste Person der Kaiser, der mit der Thronbesteigung zum Gott wird. Daneben spielt auch Jupiter eine große Rolle oder die sogenannten kapitolinische Trials (Jupiter, Juno, Minerva)

Die eigentlich in jeder Stadt ihre Heiligtümer hatten oder haben. Vom Staat aber wurde die Verehrung des Kaisers gefordert. Somit personifizierten die damaligen Römer den Kaiser mit Gott.

Die Obrigkeit war demnach die Verflechtung von Gott, Staat, Politik und Kirche, wie es bereits Cicero in seine Werke erwähnt hat.

Die Inquisition fand im Namen Gottes statt und wurde von der Kirche jahrelang abgesegnet. Die Inquisitoren waren heilige im Namen der Kirche. Sie haben denunziert, aufgespürt und getötet. Hierzu hatten sie bestimmte kognitive Methoden sowie

Foltermethoden um das Wissen vorher zu erhalten, welches diese angeblichen Abergläubigen hatten.

Weisheiten

Unter den ganzen schlauen, bekannten, berühmten, gelehrten und weiteren geistlich entwickelten, stechen besonders die Weisen vor.

Von den Weisen wird nicht immer sehr viel berichtet, obwohl diese maßgeblich für Veränderung in dieser Welt sorgen.

So haben wir besonders in der Kunst viele weise Menschen, welche durch Ihre Expressionen Menschen und dessen Verstand im positiven beeinflussen und Ihnen eine Expressionsvorstellung durch ihre Expressionen in den Verstand des Kollektiven malen können.

Ihre Weisheiten sind oft in den Stein gemeißelt oder überdauern als Bilder sowie Gemälde und Illustrationen Jahrhunderte und verändern Millionen von Menschen durch eine festgehaltene Expression.

Besonders Schriftsteller, Illustratoren, Musiker, Bildhauer und Gärtner sind Künstler der Expressionen. Sie verändern mehr Menschen als eine Politik es jemals tun könnte.

Expressionisten, welche oft mit viel Weisheit gekürt sind, halten andere Expressionisten eher für eine Inspiration anstatt sie diese als eine Art Konkurrenz wahrnehmen. Künstler unter sich sind gegenseitig und auch miteinander von der Kunst der Expression fasziniert.

Wir wissen alle wie ein Lied, ein Bild, oder ein Zitat uns mit Weisheit richten kann und uns in unserem Verständnis berührt. Wir fühlen uns oft verstanden, wenn wir eine Illustration oder ein Buch lesen, in welchem wir unseren Verstand und unsere Ansichten wieder finden.

Die Kunst gehört sowohl zur Weisheit als auch zur Freiheit des Menschen. Man kann jede Expression mit Kunst machen. Von Kochen bis hin zum Dekorieren oder zum Blumen pflanzen kann man seine Leidenschaft und seine Hingabe mit bestimmten Merkmalen seine Expression zum Ausdruck bringen.

Weisheiten sind losgelöst von einer bestimmten Zeit und überdauern mehrere Generationen.

Es gibt das Sprichwort „Ein Bild sagt mehr als tausend Worte" und so ist es auch mit weiterer Kunst die wir visuell, audiovisuell oder mit weiteren Sinnen wahrnehmen können.

Das Gegenteil von Expression ist die Depression. Depressionen kommen dann zustande, wenn man sich in seiner Rolle als Person oder generell im Leben als sein Individuum „Mensch" nicht ausreichend seine Expressionen ausführen kann. Weiterhin kann eine Depression auch davonkommen, dass man sich in seiner Expression nicht verstanden fühlt. Denn Künstler und Expressionisten leben vom Verständnis ihrer Werke. Ihnen ist der Konsumrausch oder das illusionäre auf Papier gedruckte Geld nichts wert. Verständnis und Veränderung sind meist ihre Währung. Je mehr Sie mit den Expressionen erreichen, desto weniger verfallen sie in Depressionen oder können andere aus Ihren Depressionen hinaus helfen durch Verständnisexpression.

Unter den ganzen Zionisten, welche sich auch als Philanthropen tarnen, ist ein Künstler meistens fern und möchte tatsächlich keine Macht. Denn die Macht gebührt dem Weisen und dessen

Einstellung. Seines Verständnisses Menschen zu unterscheiden und Expressionen, Weisheiten von Künstlern zu verstehen.

Kunst ist nicht nur zum Aufnehmen der Expression:

Es geht darum ein Gedicht mit dem Gewicht zu verstehen, welches es hat.

Es geht darum die Wirkung der Zutaten eines Rezeptes zu verstehen und es nicht nur nachzumachen.

Es geht darum die Schönheit der Pflanzen und dessen Segen in der Natur zu verstehen und nicht nur darum sie zu pflücken und verwelken zu lassen.

Es geht darum die Expression eines Tänzers zu verstehen und die Gefühle sowie Emotionen einer Geschichte und einer Leidenschaft zu verstehen und nicht um das einfache Nachmachen seiner Tanzschritte. Tanzen ist individuell und sollte individuell von jedem in seiner Art der Expression durchgeführt werden.

Es geht darum ein Buch mit allen Weisheiten und Botschaften zu verstehen und sich die schönsten Aspekte eines Schriftstellers mit zu nehmen und möglicherweise auf sein Leben zu übertragen.

Es geht darum, die Menschen in Ihrer Expression durch Mimik und Gestik, welches auch eine Kunst der Menschen ist – zu verstehen und auf sie einzugehen. Jeder Mensch will sich nur verstanden fühlen und nicht einfach nur mit Personen zusammenleben. Eine wahre Liebe oder Bindung wird auch erst dann stattfinden, wenn man die gegenseitigen Expressionen versteht und wahrnimmt.

Oft reicht es schon, wenn man verschiedene Expressionen mit anderen Teilt uns sich das Verständnis gleichschaltet mit den Personen, mit welchem man sich verbinden will.

So kann man eine Illustration, ein Lied oder ein Zitat mit anderen teilen und man fühlt sich durch das gegenseitige Verständnis der Expression verbunden und verstanden.

Bereits der bekannte Kommunikationspsychologe Friedemann Schulz von Thun hat mit seinem Kommunikationsmodell nicht nur Schulbücher geprägt, sondern auch den Verstand der Menschen. Hierdurch wurde für den Ottonormalverbraucher ebenfalls deutlich, dass es immer einen Sender und Empfänger bei jeder Information gibt.

Hierbei findet eine Sendung von Informationen nicht nur von ausgeführten Sendeinformationen wie beispielsweise die Sprache als Expression statt, sondern kann durch bereits durch die Expressionen eines Verstandes in physischer oder digitaler Form festgehalten werden, sodass dieses Expressionsverständnis den Empfänger erst durch den Erhalt von einem Buch oder von einem Lied erreicht und der Sender dieser Expression möglicherweise nicht mehr lebt.

So sieht man, dass Expressionen sowohl Vergangenheit, Gegenwart und Zukunft beeinflussen und verändern.

Expressionen sind die künstlerische Gabe unserer Gehirnareale, bestimmte Gefühle oder Erlebnisse nicht nur für sich selber sondern auch für andere festzuhalten und weiterzugeben.

Das stigmatisierende Schulsystem benutzt ebenfalls eine langjährige Methodik um gezielte Informationen einer Masse immer wieder aufs Neue einzutrichtern und somit natürlich auch sowohl die Weltanschauung als auch das komplette Individuum zu formen und in gewisser Maßen gleich zu schalten. Dies ist oftmals auch sehr gut, damit möglichst viele in dem System die gewissen Mechanismen lernen und sich gleich austauschen können.

Doch eine Gleichschaltung führt auch immer in eine Minderung der einzelnen Expressionen, weil hierfür bereits ein vorgefertigter Rahmen geschaffen wird, wodurch eine chronische Lustlosigkeit und Depression für die Masse aufrecht gehalten wird. Ähnlich ist das auch auf der Arbeit, wo man nur das machen muss, was einem der Chef oder die Kollegen mitteilen.

Man endet hier mehr als die Hälfte seines Lebens in der chronischen Depression und kann sein Verständnis oder seine Expressionen weder mitteilen noch wirklich ausleben. Hierdurch kommt natürlich Unzufriedenheit und Burn-out oder ähnliches einher. Wir sind Lichtwesen, voller Energie und Meister der Frequenzen um uns herum. Wir können nicht nur unsere Mitmenschen, sondern unsere ganze Umwelt verändern und wahrnehmen. Wir können mit Lebewesen Expressionen teilen, Glückgefühle teilen und sie teilen es auch mit uns.

Es ist eigentlich wie der Kinofilm Avatar es uns zu vermitteln versuchte, dass wir unmittelbar mit der Natur durch das Essen von Nahrung und das Einatmen des Sauerstoffs, welches durch die Photosynthese der Pflanzen geschaffen wird.

Wir sind weder dazu geboren monotone Aufgaben zu machen, noch sind wir dazu da in ständiger – wenn auch chronischer – Depression zu leben.

Der bekannte Schauspieler sowie Komiker Jim Carrey, hat in einem Interview gesagt, dass Depression nur die Müdigkeit ist, eine Rolle im Leben zu spielen womit man nicht zufrieden ist oder man sich nicht mehr selbst identifizieren kann. Man steht seiner Meinung nach jedem Tag aufs Neue auf und kann seine Rolle ändern, über Board schmeißen und als Mensch eine neue Rolle einnehmen. Entweder lässt man sich herunterziehen oder man lässt sich feiern. Man feiert sich selbst. Jeden Erfolg, jede gute Tat, jedes schöne Gefühl, jedes Lebewesen welches einem gut tut, jedes schöne Wetter und jedes schöne Wetter. Glücklich sein ist eine Entscheidung, denn man findet immer Situationen oder Gefühle um Glück zu verspüren. Ebenso ist es mit in Traurigkeit, man findet immer ein Grund oder Situationen traurig zu sein. Denken wir nun an unsere eigene Energieeffizienz und wollen zum Beispiel wie ein guter Ofen die Energieeffizienz Klasse A++ haben, so ist es uns doch egal wieviel kaltes in uns hineingelangt. Es ist uns nur wichtig wie lange und konstant wir unsere Wärme in uns behalten. So sollte man sich selbst wahrnehmen. Die kalten Dinge im Leben sollte man nicht zu viel Aufmerksamkeit oder Bedeutung schenken und sich nicht in seiner Blüte des Lebens, seiner Effizienz bewusst sein.

Nikola Tesla sagte, dass jeder Mensch Meister der Frequenzen sein kann. Nicht nur unsere zwischenmenschlichen Frequenzen die wir nach dem Sprachmodel von Schulz von Thun weiterleiten, sondern auch außerhalb unseres Spektrums und unserer Sinne, findet ein stetiger Austausch der Natur von Wetter bis hin zum Wachstum der Wälder, dem fließendem Wasser und unserem kompletten System auf der Erde statt.

Im Senden von Expressionen haben Künstler der Expression oftmals eine geöffnete und erweiterte Wahrnehmung. Aber auch im Empfangen und Verarbeiten von Informationen, welche jemand durch vermehrte Expression erreicht, wird eine gewisse Kunst beherbergt.

Denn im Entschlüsseln von den Informationen, liegt die wahre Intelligenz eins Lebewesens. Demnach kann man auch die Weisheit „Der stärkere überlebt verstehen". Die größte starke besteht nämlich darin Informationen und Expressionen einzuordnen, zu filtern und sich an diese möglichst schnell anzupassen.

Macht man beispielsweise einen Einstellungstest bei einem Betrieb oder generell in einem wirtschaftlichen Unternehmen so findet man oft bestimmte Fragen, welche darauf abzielen das das Individuum möglichst klein gehalten wird und du den Autoritäten oder dem Team die Weisung zusprichst. Erhält man so einen Test und lenkt die Fragen in diese Richtung, wird jemand der die Fragen möglichst selbstlos beantwortet, eher eingestellt als ein Individuum, welches Kunst begeistert ist und seinen eigenen Expressionen folgt. Dies ist einfach ein Fakt, denn in wirtschaftlichen Unternehmen sowie auch in sozialen Strukturen ist das Ansehen oft größer, je mehr sich eine Person einer Struktur anpasst und in dieser Struktur sich weiterbildet oder hoch arbeitet zu einer übergeordneten Stablinienstruktur.

So haben es künstlerische, begabte Expressionisten oftmals schwer, wenn sie die Kunst des Anpassens der verschiedenen Strukturen nicht beherrschen.

Hierbei ist immer die Mischung entscheidend, sodass man so viel wie es nur möglich ist, seine Expression leben kann, aber auch nicht zu sehr der Struktur und damit verbundene Depression des Verstandes unterliegt und eher damit spielt.

Mit der Hoffnung wie sie bereits oben beschrieben ist, kommt auch die Erwartung, dass diese Hoffnung an der man lange festgehalten hat auch eintreffen wird.

Die Erwartungshaltungen sind wie Gitterstäbe. Es sind oftmals nicht einmal die eigenen Erwartungshaltungen, sondern die Erwartungen von der Familie, von Freunden oder von den Lebensgefährten, welche jemand einsperren und die freie Entfaltung des Individuums behindert. Wenn man sich von den eigenen oder von anderen Erwartungen bestimmen lässt, baut man sich sein eigenes mentales Gefängnis auf. Es ist eine Fremdbestimmung, auch wenn diese oftmals von den Mitmenschen gut gemeint ist. Dies ist nicht passend zum eigenen Individuum und dessen Ziele, sondern dient lediglich der Bedürfnisbefriedigung der Erwartungshaltung von anderen.

In der Philosophie des Lebens geht es ebenfalls darum, die aller feinsten Nuancen zu erkennen und sie miteinander zu vergleichen.

Besonders in der heutigen Gesellschaft ist es zunehmend von Bedeutung zu wissen, dass man nicht alles im Leben kaufen kann.

Man kann:

Man kann beispielsweise ein Haus kaufen aber kein geborgenes oder wohlfühlendes Zuhause.

Man kann eine Uhr kaufen aber man kann sich keine kostbare Zeit kaufen.

Man kann ein Bett kaufen aber man kann sich keinen guten und erholsamen Schlaf kaufen.

Man kann sich Essen kaufen aber keinen Appetit.

Man kann sich Medizin und einen der besten Doktoren kaufen aber man kann sich keine Gesundheit kaufen.

Man kann sich eine Versicherung kaufen aber nicht die eigentliche Sicherheit.

Expression und Depression

Im Folgenden sind die Expressionsarten der Lebewesen aufgeführt:

Expressionen visuell – Sender

- Lyrik

- Grammatik

- Mathematik

- Schrift

- Bilder

- Bücher

- Gedichte

- Gemälde

- Digitalisierte Expression

- Chiffrierung

- Kryptographie

Expressionen Audio – Sender

- Musik

- Klänge

- Instrumente

- Gesang

- Sprache, Kommunikation

Expressionen Audio-Visuell – Sender

- Musikvideos

- Filme

- Super-8 Filme

- Videokassetten

- Digitale Storys (Social Media)

- Digitale Beiträge (Lebensabschnitte, Situationen)

Expressionen – Empfänger

- Lesen

- Anschauen

- Wahrnehmen (die Wahrheit der Expression aufnehmen)

- 7-Sinne Wahrnehmung

- Denken

Wie bereits erwähnt, sind wir Meister der Entschlüsselung von Expressionen, welche mit einer Information oder einem Gefühl behaftet sind. Unser Grad der Wahrnehmung wird von unserer Gesundheit und von unserer Umwelt (wodurch wir essen, atmen, trinken) maßgeblich entschieden.

Im Gegenzug kann natürlich unsere Wahrnehmung durch Umweltgifte, Pestizide, Impfschäden unerwünschte Inhaltsstoffe in Medikamenten, Nahrung, Gewässer oder in menschlichen Sendern eine Krankheit auslösen, die Wahrnehmung verzerren oder gänzlich blenden oder aber eine Gewisse kognitive Abhängigkeit auslösen.

Depressionen sind das Gegenteil von einer Expression und kann in der gleichen Vielfalt wie die Expression vorkommen. Wichtig ist, dass eine Depression immer mit einer Expression geheilt werden kann. Expressionen helfen uns Depressionen in den Griff zu bekommen, sodass depressive Menschen oft durch Kunst und dessen Akzeptanz oder durch Anklang an die Gesellschaft durch Akzeptanz ihres Individuums wieder zum Blühen vermögen.

Sicherheit

Ein Mensch hat wie bereits erwähnt diverse Ängste und um diese Ängste zu nehmen, gibt es vermeintliche Sicherheiten.

Hierzu gehören vor Allem folgende Bereiche:

- Unfälle

- Gesundheit

- Finanzen

- Gesellschaft

- Kriminalität

- Krieg

In unserem System gibt ist nahezu für jede Angst eine Sicherheit. Diese Sicherheit wird zur Verfügung gestellt und wird mit finanziellen Mittel die wir durch unsere Zeit aufgewendet haben bezahlt.

Demnach ist Sicherheit ein sehr wirtschaftliches Geschäft wodurch wir Freiheiten für Sicherheiten aufgeben.

Sicherheit kostet viel und kann uns in den aller ernstesten Fällen die versprochene Sicherheit nicht ermöglichen.

Sie ist nur ein Begleiter. Sie ist eine vermarktete Illusion innerhalb des Systems.

Mit Sicherheit lässt sich sehr viel Geld verdienen und man kann sein ganzes monatliches Gehalt für vermeintliche Sicherheiten ausgeben. Die Sicherheit arbeitet mit unserer Angst. Je mehr Angst ein Mensch hat desto mehr ist er dazu bereit seine Sicherheit mit seiner innerhalb des Systems befindlichen Freiheit einzutauschen.

Die Sicherheit ist der Markt der Angst und diese wird stets aufrecht gehalten mit neuen Ereignissen und Geschehnissen auf der ganzen Welt.

So wird eine Rohstoffknappheit, steigende Ölpreise, anhaltender Krieg, Pandemien und Plandemien, Umweltverschmutzung weitläufig durch eine regelrechte Informationsflut in die Welt gesetzt.

Damals hatten die Menschen noch Angst vor der Flut aus der Bibel, wohingegen die Menschen heutzutage im Unterbewusstsein und in Dauerschleife durch Massenmedien und Propaganda den bitteren Beigeschmack der Angst erhalten.

Es werden Szenen wie in einem Hollywoodfilm gezeigt, welche nicht im Einklang mit der Realität stehen, sodass das Individuum durch die Medien eine kollektive und gleichgeschaltete Angst erfährt.

Diese Angst verbreitet sich untereinander ebenfalls wie ein Lauffeuer und wie eine stille Post.

Besonders wichtig zu erkennen ist, dass durch diese Angst ein regelrechter neuer Markt für Sicherheit entsteht. Sicherheiten sind eine unvorstellbare wirtschaftliche Macht.

Es wird ein Terror ausgerufen und die Menschen haben Angst. Sie geben dem Staat die Macht ein anderes Land anzugreifen und finden es sogar schön und toll. Durch den Kampf gegen den Terror wird für uns eine Sicherheit erzeugt und für den Staat wird hiermit ein Tor freigegeben ein Land zu kontrollieren, zu erobern und dessen Bodenschätze sowie weitere schätze zu steuern oder zu nutzen.

Das bereits mehrere Terroranschläge inszeniert waren und bereits durch WikiLeaks oder Assange aufgedeckt sind und somit wahrscheinlich etliche Kriege eine Inszenierung waren, scheint den wenigsten zu interessieren. Doch ist die für das eine Land verkaufte Sicherheit, für das andere Land die pure Angst. Dort wird pure und reale Kriegsangst zur Wahrheit und Realität. Diese Länder und dessen meist auch unschuldige Anwohner verfallen in Armut und es entsteht ein immenser Flüchtlingsstrom, weil diese Anwohner ebenfalls nicht mehr vor der eigenen Regierung oftmals sicher sind.

Wir Menschen sterben und werden bis dahinleben, weshalb die einzige wirkliche Sicherheit ist, dass wir auf uns selber achten und wir uns gesund ernähren, stress meiden und in Harmonie mit uns selbst und unserem nächsten leben. Diese Sicherheit können wir uns nur selber geben und hiermit haben wir einen Entscheidungsfreiraum uns diese Sicherheit anzueignen. Alle weiteren Sicherheiten sind nur die des Systems. Sie dienen dem System und sobald das System so wie wir es kennen, nicht mehr existiert, dann wird es auch solche Sicherheiten nicht geben.

Um die größtmögliche Sicherheit zu garantieren, braucht der Staat vollste Kontrolle sowohl über das Kollektiv als auch über das Individuum.

Kontrolle ist im Maße nicht verkehrt, doch im Übermaß ist dies der Gegenspieler von Freiheit.

In der Menge gleichen sich Verhaltensweisen an und es passiert eine gewisse Gleichschaltung.

Es ist aus der Massenpsychologie bekannt, dass die Mehrheit sich bei Angst zusammenschließt in einem Rudel und Sicherheit sucht.

Die Autorität bietet die Sicherheit stückweise durch eingeführte Mechanismen und suggeriert somit vertrauen. Doch ab welchem Zeitpunkt wird man dieses Vertrauen ausnutzen und ab welchem Zeitpunkt sollten wir zu viel Vertrauen hinterfragen?

Interessant ist, dass die Autoritäten das Volk und die Gleichschaltung von diesem als Freund und systemkonform sehen, jedoch das

Individuum als eine Art Feind und als Rebell sehen, welches nicht konform ist.

Autoritäten versuchen die Menschen immer im Verstand zu bleiben und nicht auf das Herz zu hören. Diverse Vorgänge sind somit Kausal und mit dem Verstand zu verstehen. Reagiert man jedoch mit dem Herz und bezieht Gefühle mit hinein, werden manche Vorgänge ziemlich schwammig und sinnlos erscheinen.

Eine künstlich erzeugte Angst wie es heutzutage massenhaft produziert wird, ist in der Verbindung mit einer Kausalität anscheinend von vielen Menschen tragbar und verständlich. Die Schlüssel der Macht wie es damals Nicolo Machiavelli in seinem Buch „Der Fürst" beschrieben hat und die diversen Mechanismen der Macht und dessen Vorgehensweise aufgeführt hat, finden bis heute in den Reihen der Politai Anklang.

Bereits Immanuel Kant beschrieb in seinen Werken „Kritik der reinen Vernunft" und „Kritik der praktischen Vernunft", dass die praktische Freiheit zwar letztendlich von der transzendentalen Freiheit abhängig ist, für die Praxis relevant sei dabei jedoch ausschließlich die praktische Freiheit.

So ist die Angst nur ein Mittel zum Zweck welche durch den Sinn der Kausalität zum Tragen kommt.

Es sind die Mechanismen der Propaganda, des Terrors, der Spaltung und der Manipulation alles Indikatoren für Macht der Sicherheit und Macht der Angst im gleichen Zuge.

Bereits seit Jahrhunderten hatte derjenige, welcher die Angst kontrollierte, die Macht über die Menschen welche Angst hatten.

Demnach hat in der damaligen Zeit jemand der ein Feuer machen konnte zauberhafte Kräfte und jeder hatte Angst vor dieser Person, bis sie merkten, dass die Angst ganz unbegründet war und sie selber Feuer auslösen konnten.

Angst und Sicherheit haben auch immer sehr viel mit Selbstbestimmung im Zusammenhang des Individuums und mit Fremdbestimmung, also das Abgeben von bestimmter Selbstbestimmung und die damit verbundene Verantwortung zu tun.

Es wird hierbei immer ein „Feindbild" geschaffen, obwohl eigentlich ein „Freundbild" geschaffen werden muss. Man muss demnach zu sich und seinem Individuum finden und im Anschluss zu anderen finden die auch Individuen sind auch wenn es ein Kollektiv gibt. In einem Kollektiv wachsen und ergänzen sich Individuen schneller als ganz auf sich alleine gestellt. Aus diesem Grund wurden solche Systeme gebaut, welche mit und mit in die Ausnutzung des Einzelnen tendiert und immer weniger Freiheit zulässt. Doch dies war nicht immer so und wird in Zukunft wieder eine revolutionäre Wende mit sich bringen, weil immer mehr Menschen die wunderschöne Welt wieder zu verstehen beginnen.

Durch die ganzen Spaltungen, Kriege und Zerstörung, durch das vergießen von Blut und das vergießen von Tränen in Kriegen oder in politischen Angelegenheiten, haben wir die wichtigsten Faktoren ausgeblendet und haben uns in der Spaltung und unserer Sichtweise gescheit manipulieren lassen.

Vor Allem die Angst hat ganze Nationen und Menschen zu kognitiven Sklaven der Neuzeit gemacht und die Sicherheit der Versicherungen hat uns die rettende Hand geboten.

Ist es nicht seit Jahren so, dass eine Angst geschürt wird und im Anschluss schon direkt die Sicherheit oder die Heilung – welche meist wirtschaftlich profitabel ist – präsentiert wird?

Es sind Kreislaufprozesse und Rückkopplungsmechanismen am Werk die tief in die Psychologie und in den Verstand der Menschen hinein reichen.

So gelten die Familie und der Freundeskreis ebenfalls als System. Es ist ein schlaues System, denn wer hört nicht auf seine Eltern, wenn sie sagen „sei Vorsichtig." oder „mach das nicht, denn das gehört sich nicht.".

Doch auch die Familie ist eine Konditionierung. Es ist eine Unterordnung des Individuums. Natürlich geschieht dies mit vielen Vorteilen, doch ist der Verstand eines Individuums hierbei sehr stark durch die Einflüsse der Familie beeinfluss. So kann man jemand meist nicht nur nach seinem Freundeskreis, sondern auch nach seiner Familie in gewisser Form einstufen. Meist versucht die Familien integrierte Individuum seiner Familie gerecht zu werden oder die Wünsche der Familienentwicklung nachzukommen. Wir werden als System tüchtig und systemkonform als Gebrauchtsteil und als Ast des Familienstammbaumes in die Gesellschaft integriert. Demnach hat man oft schon gar keine eigene Meinung mehr, sondern unterliegt bereits Schubladen der Familienstruktur. So wird beispielsweise dem einen Angst gemacht vor dem „schwarzen Mann" dem anderen vor dem „weißen Mann". Weiterhin wird dem einem das Märchen von Hänsel und Gretel erzählt und auf der anderen Seite das Märchen von Aladin im Abendland. Beobachtet man diverse Kulturen, hassen sie unterschiedliche Nationen anders oder lieben andere Nationen mehr als andere. Sie haben andere Kulturen, andere Hautfarben oder andere Sitten. Bei den einen ist Furzen ganz normal und bei den anderen ist es unangemessen. Wir sind verschieden und so sind auch unsere Ängste, unsere Sicherheiten und vieles mehr.

Wir sind teilweise Konditionierte Menschen und können uns hiervon nicht freisprechen. Auch wir sind wie Tiere Konditioniert, welche Belohnungen und Strafe unterliegen, sodass wir bestimmte Sachen machen und andere wiederum nicht.

Man kann immer wieder erkennen auch zum Beispiel in der Corona Zeit wo es Belohnungen bei McDonalds gibt für Impfungen oder eine kostenlose Bratwurst für gewisse Handlungen, das Belohnungssystem auch heutzutage noch sehr gut wirkt.

Wir werden für unsere Arbeitsleistung und für unsere Einstellung zum Staat belohnt. Das Soziale Kreditsystem in China ist das blühende Beispiel, wo Menschen Angst vor dem Staat haben und nicht mehr systemkritisch sein dürfen. Wenn diese Menschen systemkritisch sind bekommen sie Minuspunkte im Belohnungssystem, womit sämtliches Geld eingefroren werden kann oder der Geldhahn komplett verriegelt wird. Doch die Kritik am System ist auch gut für das System selbst, denn nur so kann es im Einklang mit dem Widerstand wachsen.

Der Widerstand gegen bestimmte Sachen wird immer da sein denn Mut ist das Endprodukt, wenn die Angst einmal als Illusion enttarnt ist.

Die Gehorsamkeit der Masse macht sich das System und die verbundene Autorität zur Waffe gegen die Minderheit. Also die bisher unterdrückten werden demnach noch mehr ins Feindbild gedrängt.

Doch ist es wirklich klug gegen seine Mitmenschen zu sein, welche sich im gleichen Boot befinden nur anstatt des Taues zu ziehen den Anker über Bord werfen und einen anderen Kurs des Kapitäns einfordern?

Wir sind das Zwischenstück welches stetig in Angst gehalten wird. Hierbei spielt der Staat den Schützer und die Religionen den Heiligen und vertrauten. Religionen schaffen vertrauen und glauben. Der Staat schafft Schutz und Sicherheit.

Wir das Zwischenglied, lassen uns von beiden Institutionen lenken und fallen immer wieder aufs Neue ins Chaos und dann in die Ordnung. Vom Chaos in den Glauben und wenn alles nichts mehr nützt glauben wir dann endlich mal an uns selbst. Wir geben niemanden die Obrigkeit und sind ganz gewiss nicht aus diesem Zweck geboren.

Wir werden vom Kollektiv und von dem System getragen sowie die Treppen hinaufgeführt, sodass es uns möglich ist zu Leuchten und über den Horizont zu schauen. Wir haben die Möglichkeiten und das System ist nicht nur schlecht, sondern gibt uns ein Haufen an Informationen und Möglichkeiten, zu erkennen, dass wir nicht gezwungen sind zu gewissen Sachen, sondern diese bereits seit Geburt als Normal ansehen und aus freier Entscheidung mitmachen.

Das Individuum hat ohne die Gleichschaltung und mit immer mehr Ablehnung des Kollektiven folgende Probleme und Hürden:

- Neue und andere Ängste

- Wiedersprüche

- Gegenwind

- Ablehnung

- Denunzierung

Man gewinnt an Selbstverwirklichung, Selbstliebe und Selbstsinnigkeit doch verliert oft die Zustimmung oder die Kraft der anderen. Doch auch hier gilt, dass es bereits mehrere viele Wahrheiten erkennen und sich ebenfalls als Kollektiv zusammenschließen können. Es ist ein schwerer Weg doch man erkennt auf dieser Reise zum Individualismus sich selbst wieder und kann somit viel besser andere Systeme oder Menschen verstehen.

Die Philosophische Botschaft

Der Zusammenhang der einzelnen Komponenten muss eindeutig sein. Nicht nur unser Sein als Mensch, sondern auch die bestimmten Technologien, welche aufgeführt sind, werden uns als Menschen und als Personen mit oder ohne System verfolgen, verändern und zur neuen Evolution und möglicher Revolution begleiten.

Der Mensch wie er mal war, wird hinter sich gelassen oder möglicherweise entdecken wir unsere Fähigkeiten wieder erneut.

Gemüter streiten sich mit der Theorie ob wir wirklich Evolviert sind oder eher retardiert durch den Einfluss der Technik und verlernt haben sowohl eigenständig als auch unabhängig zu denken.

Seit den damaligen Hochkulturen der Annunaki oder der Menschen aus Atlantis, wissen viele, dass es Technologien gab die unserer Zeit weit voraus waren. Dieses Wissen ist natürlich für den normalen Ottonormalverbraucher nicht zugänglich.

In den Erzählungen von alten Stämmen aus Mexico, aus der Antarktis oder aus Australien und der indigenen Bevölkerung, kann man mit Sicherheit sagen, dass die Menschen damals ein bedeutendes Wissen hatten und es in dieser Zeit - vor unserer Zeit - gewisse Hochkulturen gegeben hat. Wie lassen sich sonst

Meisterwerken wie Pyramiden, Kirchen, Unterirdische Tunnelsystem oder ähnliches erklären. In unserer Geschichte wird oft gesagt, dass sie damals keine Werkzeuge hatten, was jedoch völlig unbegreiflich ist. Denn die Pyramiden zum Beispiel wurden mit Perfektion und Symmetrie nicht nur nach Pi gebaut, sondern auch mit rechten Winkeln und Ausrichtung zu Astrologischen Sonnensystemen. Ist dies wirklich alles auf eine zurückgebildete Kultur zu führen? Unsere Kirchen und Tempel sind ebenfalls mit solch einer Kunst erbaut worden, welche heutzutage nicht mehr nachvollzogen werden kann. So kann heutzutage niemand mehr einen Kölner Dom nachbauen oder eine Kathedrale in Rom.

Wenn man die ganzen Punkte dieses Buches zusammenführt, wird man schnell zur Erkenntnis kommen, dass die Botschaft dahinter eindeutig ist. Es ist nichts Absolutes, sondern soll den Leser bewusst zum Nachdenken sowie zum Weiterdenken anspornen. Wir sind stehen geblieben und bequem geworden. Je mehr Technik einfließt desto mehr geben wir unsere Verantwortung ab. Dies ist falsch, denn wir sollten Technik im Einklang bringen. Sie sollte uns mehr Macht geben und nicht die Logik oder Den Intellekt vernebeln.

Auch im Jahre 2022 ist es eindeutig, dass wir wirklich sehr viele Parallel Welten haben. Dies passiert nicht physisch, sondern ist einfach in der Wahrnehmung von den Menschen so verschieden, dass man hier wirklich von komplett anderen Welten reden kann.

So glauben auch in diesem Jahr noch Menschen, dass die Erde zum Beispiel flach ist oder dass die Erde ein Plateau ist. Manche glauben das die Raumfahrt an sich eine große Lüge ist und eine Art Hollywoodfilm.

Es gibt so viele Sachen an die verschiedenen Menschen glauben. Das wichtigste ist das wir auch diesen Menschen eine Stimme geben.

Wir müssen in einer Gesellschaft der Individuen alles anhören und uns ein eigenes Bild machen. Es ist essentiell zu verstehen, dass niemand Gegner von dem anderen ist. Wenn der eine meint, dass die Erde rund ist und der andere sagt das sie es nicht ist, finden sie sich gegenseitig möglicherweise dumm. Dies ist aber falsch, denn die Wahrheit kennt niemand wirklich genau bis er sie mit eigenen Augen gesehen hat. Bis dahin vertrauen wir einem Fernsehen der komische Videos zeigt oder möglicherweise Wissenschaftlern die für ihre Studien massiv viel Geld erhalten haben. Schaut man sich zum Beispiel die erste Mondfahrt heutzutage an, dann denkt man wirklich, dass es ein sehr krasser Fake ist. Die Spezial Effekte sind so grauenhaft schlecht. Zur gleichen Zeit waren die ersten Star Wars Filme auf VHS-Kassetten und man konnte sich keine bessere Grafik vorstellen. Schaut man sich nun heutzutage diese Filme der Mondlandung an so muss man wirklich schmunzeln.

Niemals ist ein solches Gefährt auch nur ansatzweise bis zur Stratosphäre und darüber hinaus durchgedrungen.

In einigen Köpfen ist dieses doch fester Bestandteil und man hat es als Normalität bereits verinnerlicht.

In den diversen Gruppierungen glaubt man auch an eine adelige Blutlinie, welche sich nur mit seiner Gleichen paart sodass die seltenen Rhesus negativ Blutgruppe aufrechterhalten wird. Spannend ist das Thema Blutgruppen auf jeden Fall und auch hier sieht man das bei den Blutgruppen und dessen Krankheitssymptomen Unterschiede gibt.

Weiterhin gibt es Menschen die an Alien und an menschenähnliche Spezies auf der Erde in der Gegenwart, Vergangenheit oder in der Zukunft glaubten oder glauben. Auch hier gilt wieder das gleiche Prinzip man kann nicht eindeutig sagen, dass es soetwas nicht gibt.

Doch in unserer jetzigen Vorstellung scheint dies ziemlicher quatsch zu sein. Wenn man bedenkt, dass in alten Schriften viele Fabelwesen und Menschenwesen wie zum Beispiel der Minotaurus zu finden ist, so fragt man sich jedoch ob die Geschichten wirklich nur erfunden sind oder ob eine gewisse Wahrheit enthalten ist. Dieses Denken kommt nicht von irgendwoher, denn wenn man sich mit der Biotechnologie beschäftigt weiß man, dass die Forscher Klonen können und Spezies vermischen, ändern oder komplett neu erschaffen können. So gab es in Amerika bereit ein versuch mit genveränderten Insekten, welche großen Protest der dortigen Bevölkerung erntete, da diese Insekten bestimmte Stoffe beim stechen induzierten, die gegen die körperliche Unversehrtheit verstoßen.

Weiterhin ist es dem Menschen seit der unten genannten Crispr-Methode gelungen, den Menschen als hackbares Tier anzusehen und dies nicht einmal im bösen Sinne. Es gibt Künstliche Intelligenzen, welche auf Basis von Sequenzen diverse DNA-Baukästen sowie Veränderungen erzeugen können. Wahrscheinlich wird es in Zukunft dem Menschen möglich sein, eigene menschenähnliche Kreaturen zu erzeugen. Ob dies in geheimen Laboren vielleicht schon geschehen ist, dies weiß niemand.

Fakt ist jedoch, dass man sich immer die Zeit nehmen sollte auch den abstraktesten oder komischsten Informationen ein wenig Aufmerksamkeit zu schenken und seine Mitmenschen oder dessen

Funke etwas zu glauben, demnach auch besser verstehen zu können.

Man kann im Endeffekt nur etwas dazu lernen.

Kognitive Vergleiche

Der „Feuerzeug" – Vergleich

In diesem Vergleich geht es darum, dass man ein Feuerzeug in Wasser taucht und das andere trocken lässt. Durch die Feuchtigkeit des Wassers, kann das Feuerzeug keinen Funken mehr erzeugen. Das Feuerzeug hat den Funken verloren und es kommt nur noch Gas heraus.

Nun nimmt man das zweite Feuerzeug, welches trocken ist und einen funktionierenden Feuerstein hat. Man hat Feuer und teilt dies mit dem Feuerzeug, wo nur noch das Gas fehlt.

Übertragen auf das echte Leben, kann man daraus resultieren, dass manche Menschen zwar den Funken verloren haben, wir Ihnen aber jederzeit mit Beistand, Unterstützung oder Nächstenliebe das Feuer zurückgeben können.

Der „Aktienkurs" – Vergleich

In diesem Vergleich geht es darum, das Leben mit einem Aktienkurs zu vergleichen, denn das Leben ist nicht linear, sondern hat Höhen und Tiefen.

Das Leben ist wie ein Aktien-/Krypto-/ETF-Kurs und unterliegt Schwankungen sowie Anpassungen.

Bei Aktien ist es so, dass auch bei Höhen und Tiefen konstant nachgekauft wird. So sollte man auch in sich selbst in einem Tief investieren und niemals sich selbst oder seine Gefühle verkaufen. Ähnlich wie bei einem oben genannten Kurs.

Man ist wie ein hochwertiger Aktienkurs, welcher durch keine Inflation oder Deflation eingeschüchtert werden kann. Wir bleiben stehen und haben Bestand in schlechten sowie in guten Zeiten. Viele Aktionäre investieren erstrecht bei schlechten Zeiten und dies sollte man auch im Leben an sich tun. In schlechten Zeiten sollte man besonders in sich selbst investieren und die Energie in sich und auf sich fokussieren. Wer kann unserem Lebensindex damit noch schaden?

Der Wasser – Vergleich

Dieser Vergleich ist aus der Weisheit und aus dem Buch von Bruce Lee. Er ist nicht nur Meister in seiner Kampftechnik und seiner physischen Form, sondern vielmehr in seiner kognitiven Form als Mensch. Er bringt seinen Schülern oder seinen Lesern näher, dass man wie Wasser sein sollte ohne eine Form anzunehmen, zu fließen und sich an jede Gegebenheit anzupassen. Wenn man Wasser in einen Behälter gibt, wird der Behälter zu Wasser. Wasser sucht sich immer seinen Weg und ist eines der stärksten Elemente auf unserem Planeten. Sei wie Wasser und sei Formlos. Es ist eine Weisheit die so viel Gewicht hat, dass es nur wenige wirklich verstehen. Wir werden heutzutage in viele Formen gepresst und gedrückt. Man muss sie lernen zu entschlüsseln. Man muss lernen, welche Formen einem nicht gefallen, um diese dementsprechend aufzulösen oder ändern zu können.

Der „Streichholz" – Vergleich

Ein Streichholz ist meist vierkantig mit einem Zündkopf bestückt. Stellt man sich nun vor, dass man tausende Streichhölzer jeweils links und rechts aneinanderreiht, könnte man die Reihe wie in einem Domino-Effekt anzünden und das Feuer würde sich vom Anfang bis zum Ende bewegen. Nimmt man hierbei in der Reihenfolge einfach ein paar oder vielleicht nur ein Streichholz heraus, so wird es nicht mehr bis zum Ende brennen und die Brennreihenfolge ist unterbrochen. Genauso ist es im wahren Leben. Wenn wir immer weiter die Kriegsmechanismen von den älteren Kriegsgenerationen fortführen oder die gesamte Kriegsideologie fortführen, wird es nie ein Ende geben uns das Feuer wird auch noch in tausenden Jahren gesät. Es liegt demnach an uns, ob und wann wir einen Kreislauf unterbrechen. Wir können die entscheidende Generation sein, welche verhindert, dass die nächsten Genrationen ebenfalls brennen werden. Wir können aus dem Kreislauf treten und sagen stopp, diese Reihe brennt und ich will nicht brennen.

Der „Domino" – Vergleich

Der Domino-Effekt ist ähnlich wie das Experiment vom Streichholz. Wenn einer etwas anfängt, wird eine Kettenreaktion ausgelöst. Nimmt man auch nur einen Dominostein aus der Reihe weg, so wird der restliche Teil nicht einstürzen. Wird man den ersten Stein erst nicht anstoßen, so wird das komplette Domino-System erst nicht zusammenfallen.

Wir können diesen Effekt in unser echtes Leben übertragen und auf bestimmte Gruppierungen übertragen. Wenn zum Beispiel 10 Leute einen Menschen mobben oder ausschließen aufgrund seiner Hautfarbe, aufgrund seiner Herkunft oder aufgrund seiner medizinischen Verfassung, so kann jeder der erste sein, welcher diesen Kreislauf zerbricht.

Der „Tektonische Platten" - Vergleich

Ein gutes Beispiel sind auch die tektonischen Platten unserer Erde. Sie schieben sich entweder ineinander oder untereinander zusammen. Sie bilden zusammen gefährliche Vulkane oder wundervolle Quellen des Lebens. Sie schaffen neue Kontinente oder verschlingen diese. Sie schaffen leben oder vernichten es.

Es ist eine Balance der Erde, welche mit Ordnung und Chaos verglichen werden kann. Die Welt ist nicht nur in Ordnung, sondern muss auch negative oder schlechte Erfahrungen mit sich bringen, damit ein gewisses Gleichgewicht geschaffen wird.

Der Fliegen - Vergleich

Nimmt man 100 Fliegen, sperrt sie in ein Glas und macht den Deckel für ca. drei Tage zu, so werden die Fliegen sich innerhalb des Glases verteilen und in diesem leben. Nimmt man nun den Deckel ab nach dem 3 abklingenden Tag, dann stellt man fest, dass keine dieser eingesperrten Fliegen aus dem Glas fliegen.

Doch wie lässt sich das Phänomen erklären oder auf den Menschen übertragen. Ganz einfach. Die Fliegen gewöhnen sich an das Umfeld und nehmen dies als Norm beziehungsweise Normalität an. Für diese Fliegen gibt es nichts anderes mehr außerhalb vom Glas, da sie denken, dass es ihr neuer Lebensraum ist. Das Bewusstsein der Fliegen wurde erfolgreich konditioniert und es hat sich eine Art kognitive Sphäre manifestiert.

Wer denkt das nur Fliegen von so einem Phänomen betroffen sind, liegt leider falsch. Auch wir Menschen verweilen oft in unseren kognitiven Sphären, welche durch die Angst, Vernunft, Anstand oder durch bestimmte andere Faktoren bestimmt sind. Auch unser System oder unsere Familien sind bestimmte Sphären, welche wir jeweils eine andere Bedeutung zusagen. Jeder Mensch hat bestimmte soziale Sphären, welche er um sich selber sinnbildlich mit sich führt. Diese entscheiden unsere Privatsphäre und den Grad wie wir unserer Umgebung, unseren Mitmenschen oder generell der Welt vertrauen oder diese interagieren.

Der Stift – Vergleich

Dieser Vergleich ist ziemlich bekannt im kaufmännischen Bereich und wird oft in Vorträgen von Entrepreneuren erwähnt. Es eines der wichtigsten Lehren des Verkaufens.

Es gibt hierbei um eine Challenge einen Stift einem beliebigen Kunden zu verkaufen. Hierbei wird jemand ein Stift erhalten und diesen versuchen einer gewissen Person schmackhaft zu machen oder gewisse Eigenschaften für den Stift zu erfinden. Doch die Lehre aus dem Verkaufen des Stiftes ist es, dass man vorher das Bedürfnis schafft, um diesen im Anschluss zu verkaufen. Hierbei geht es nicht ausschließlich um den Stift an sich, sondern nur um das Bedürfnis. Nur wenn man das Bedürfnis schafft, kann diese Nachfrage erst entstehen.

Projizieren wir dieses Prinzip nun auf den Alltag und auf Großkonzerne, sehen wir jeden Tag Werbung im Fernsehen, in der Zeitung oder im Internet. Meistens ist es belangloses oder nerviges, welches unser Unterbewusstsein penetriert und uns nervt. Doch ab und zu wird auch etwas Interessantes vorgestellt wie zum Beispiel ein neues Handy oder ein neues Fertiggericht, welches man unbedingt haben möchte. Genauso ist dies auch mit einem Buch. Es wird Werbung Entwickelt, sowie Kundenbewertungen oder durch stille Post der Freunde, erfährt man, dass ein gewisses Buch lesenswert ist und man dies gerne lesen möchte. Das Bedürfnis wird somit kreiert. In der heutigen Zeit gibt es sogar Algorithmus programmierte, auf den Menschen und seine Bedürfnisse zugeschnittene Werbung, sodass die Effizienz hierbei von Bedürfnis erzeugen und Nachfrage, Anfrage sowie letztendlich der Kauf in wenigen Minuten stattfinden kann.

Das ganze wirtschaftliche System und unser Kapital sowie unser Konsum ist auf diesen Mechanismus ausgelegt. Meist sind dies Luxusbedürfnisse die niemand wirklich braucht und aber ein großer Teil unseres Kapitals kosten.

Leider reagieren einige auf die Bedürfnisse eher emotional und nicht rational. So wird das Kaufverhalten oft durch den Hunger, durch das Kind oder durch die schön platzierte Werbung beeinflusst sowie entschieden.

Hoffnung

Hoffnung ist einer unserer stärksten Antriebe.

Wir hoffen, dass etwas gut wird.

Wir hoffen, dass jemand eine Prüfung besteht.

Wir hoffen, dass Gott uns vergibt.

Wir hoffen, dass wir verstanden werden.

Wir hoffen, dass uns Medien Informationen geben.

Wir hoffen, dass wir ein langes und glückliches Leben haben.

Wir hoffen, dass wir nicht krank werden.

Wir hoffen, dass es Frieden geben wird und kein Krieg.

Wir hoffen, dass wir alle miteinander leben und es kein Bürgerkrieg gibt.

Normalerweise hat ein Mensch mindestens genauso viele Hoffnungen als auch Ängste. Es ist völlig normal und niemand kann sich davon freisprechen. Hoffnungen und Ängste bestimmen unser Leben und wir versuchen oft unsere Ängste mit unseren Hoffnungen zu besänftigen oder zu unterdrücken.

Doch es gibt einen bestimmten Zeitpunkt wo man auch zu viel Hoffen und zu viel Verantwortung an andere abgibt. Hoffnung ist eigentlich genau so destruktiv für unsere Entwicklung wie Glauben. An einem gewissen Punkt können wir nicht in einer Ecke sitzen und glauben sowie hoffen, dass wir etwas zum Essen oder zum Trinken bekommen. Das wird nicht passieren. Genauso ist es mit anderen Dingen im Leben. Letzten Endes zählt es auch eine Eigeninitiative zu haben und diese zu trainieren. Für unseren Überlebensmechanismus oder unseren Wohlstand bringt es nicht viel zu glauben oder zu hoffen. Das sind Mechanismen welche die eigene Person passiv werden lassen und die Verantwortung meist dem nächst höheren Menschen, Wesen oder direkt Gott abgibt. Wir sind im weitesten Sinne von uns selber abhängig und müssen aktiv unsere Eigenverantwortung aufrechterhalten.

Hoffnung ist ein gutes kognitives Werkzeug um schneller in einen guten Zustand zu kommen um seine Ziele zu erreichen.

Es ist wie mit allem im Leben, dass weniger manchmal eben doch mehr ist. So ist dies auch mit der Hoffnung.

Hoffnung hat viele Menschen enttäuscht während sie gleichzeitig auch vielen Menschen geholfen hat. Dies ist ziemlich abhängig von seiner Eigeninitiative inwiefern man bereit ist aktiv zu werden und seine Ziele verbunden mit seiner Hoffnung auch wirklich zu verfolgen und diese Hoffnung nicht direkt abzugeben.

Frieden

Was ist Frieden und warum leben wir eigentlich nicht im Frieden?

Ist es so schwer im Frieden zu leben?

Warum wird für Frieden nicht halb so viel ausgegeben und geforscht wie es für Krieg oder gegen den Terror getan wird?

Es gibt viele Fragen und je mehr man versucht die heutige Welt zu verstehen, desto mehr kommt man an der Unsinnigkeit nicht vorbei. Es wird vieles hinterfragt und es ist auch eindeutig, dass wir die Mittel für einen Weltfrieden und das wohl aller Menschen zur Verfügung haben.

Freiheitsaktivisten wie Daniele Ganser oder Eugen Drewermann haben bereits schon einige Erzählungen über die Freiheit und die Mechanismen der Kontrolle offen kommuniziert.

Es ist nicht besonders schwer zwischen den Zeilen zu blicken und die verschiedenen Themen oder Thesen zu vergleichen. Man kommt zu dem Entschluss, dass der Frieden an sich eigentlich das einfachste und am schnellsten zu erreichende Mechanismus sein kann, den es für die Menschheit gibt.

Bereits Helmut Schmidt hat gesagt, dass Soldat sein kein Beruf sei. Er hat recht, denn wer Frieden mit Krieg anrichten will, verbreitet noch mehr Krieg. Natürlich gibt es auch gute Sachen die solche Soldaten ausführen. Dennoch ist Frieden niemals mit Krieg zu erreichen.

Immanuel Kant erwähnte in seinen Werken ebenfalls, dass Soldat sein nie eine Pflicht ist, denn es ist verboten.

Immer muss die Moral bestimmen wie die Politische Handlung ist, nie aber die Politik die Moral.

Soldat sein ist nach seinen Werken zu urteilen die personifizierte Schizophrenie.

Der Frieden kommt nicht durch die Überlegenheit des Stärkeren, es wäre ein Kapitulationsfrieden, welcher immer mit neuer Aufrüstung zum endlosen Machtkampf führt. Es wäre ein Frieden wie es die Welt gibt.

In der Botschaft aus der Lyrik von Jesus wird folgendes beschrieben: „Ich gebe euch meinen Frieden nicht wie die Welt ihn euch gibt."

„Glücklich wage ich die Menschen zu nennen, die es Unternehmen inmitten dieser Welt wehrlos zu bleiben, denn nur die haben das Zeug den Frieden zu bereiten."

Matheus :5

Hierbei ist die Botschaft eindeutig, dass der Krieg sowie Terror, eine von Menschen gemachte Angst und Illusion sind. Diese ist nicht natürlich doch kann es sehr wohl von natürlichen Mitteln geheilt werden. Sobald die Spaltungsmechanismen und die Regierung nicht mehr Re – gierig geworden sind also eine rückkehrende Gier der Macht oder des Geldes stattfindet, erst dann kann ein Frieden entstehen.

Verständnis

Verständnis zu haben in den verschiedenen Ordnungs- oder Chaosphasen ist besonders wichtig. Man muss verstehen warum Chaos und Ordnung eingeleitet wird. Ebenfalls muss man die neuen Technologien sowie die alten Technologien verstehen, damit man das weite Spektrum der Möglichkeiten erkennt. Man muss die einzelnen Menschen und Lebewesen verstehen, welche sich mehr dem Chaos oder der Ordnung ausrichten und demnach orientieren. Einige sind fassungslos von der Zerstörung, während andere wiederum von der Ordnung beeindruckt sind.

Man sollte die verschiedenen Mitmenschen und dessen Beziehungen zueinander oder in Bezug auf die neuartigen Technologien sowie zu Mechanismen durch die Regierung eingeführte Prozesse verstehen.

Hierbei spielt sowohl Vertrauen zu den Technologien und zur Regierung eine entscheidende Rolle. Meist ist dies im direkten Zusammenhang mit ihrem Glauben oder mit dem Hoffen.

Das verstehen diverser Prozesse und das Verstehen von Hoffnungs- sowie Glaubensvertiefungen bei manchen Menschen führt dazu, dass man keinen Ärger oder Hass schürt.

Verständnis ist ein Werkzeug des Selbstschutzes sowie des psychischen Selbstheilens. Man muss nicht immer einer Meinung sein oder die gleichen Glaubensansätze oder ähnliches vertreten. Meist reicht es, wenn man die Struktur des Denkens und die damit Verbundene Haltung versteht.

Man hilft nicht nur sich selbst durch sein Verständnis, sondern hilft regelrecht anderen. Man gibt den Personen ein Gefühl des Verständnisses, obwohl man anderer Überzeugungen unterliegt. In diesem Zuge – sofern man den anderen versteht – kann man auch dessen Verständnis entschlüsseln und seine eigenen Ansätze zum Verstehen bringen. Geht man jedoch in eine Haltung des Unverständnisses, ist dies konstruktiver Natur und man wird dieser Person nur Schaden zufügen, anstatt dieser Person ein Gefühl des Verständnisses zu vermitteln. Weiterhin wird man auch selber nicht verstanden, sofern man seine Überzeugungs- oder Denkansätze mitteilt.

Es ist ziemlich interessant wie sehr wir und ändern und uns miteinander ergänzen können. Wichtig ist hierbei, dass man nie einer festen Überzeugung unterliegt. Denn nur die feste Überzeugung ist der Grundfehler des Verständnisses, wodurch im Umkehrschluss ein Missverständnis einher geht.

So sollte man stets versuchen, auch wenn man gewisse Informationen oder Denkmuster nicht mag, sie mit einem entsprechenden Hintergrund des Denkers oder dessen Informationsspektrum zu verstehen.

Im gleichen Sinne sollte man auch der Welt eine Chance geben und sie nicht nur durch die Augen von Philosophen oder Wissenschaftlern sehen, sondern sie selbst zu erkunden und sich an eigenen neuen verständnisbasierten Informationen erfreuen.

Die Welt sowie die Mitmenschen oder andere Lebewesen sind so vielseitig und aufschlussreich zu verstehen. Nicht umsonst kommen die meisten Erfindungen wie zum Beispiel der Lotus Effekt aus der Natur. Die Natur hat eigentlich auf alles eine Antwort oder eine Lösung. Die Natur ist der Kreislauf, welcher uns am leben hält. Demnach ist der Grundsatz so, dass wenn wir die Natur verstehen auch uns selber und unsere Mitmenschen verstehen. Verständnis möchte jedes Lebewesen und auch unsere Umgebung. Es ist ein Grundbaustein des Einklangs miteinander und darüber hinaus.

Wachstum

Manche wachsen jeden Tag mehr als andere. Hierdurch entsteht eine Lücke zwischen dem Wachstumsstand von anderen und von jemand selbst. Hierbei ist nicht das Wachstum durch Bildung, sondern durch Erkenntnis und Selbstrecherche gemeint. Bildung ist vorgefertigtes Wissen. Wachstum bedeutet, dass man Wissen sich selbst beibringt. Man nennt diese Art von Menschen Autodidakten.

Autodidakten lernen sich selbst und haben ein unermessliches Wissensbedürfnis, welches sehr ausgeprägt ist.

Das Gegenteil ist vom Autodidakten ist ein Fremdlerner. Man lernt durch Fremde und dessen Ansichten und Erfahrungen.

Autodidakten wachsen exponentiell wohingegen Fremdlerner stigmatisch insofern wachsen, wie sie bestimmte Informationen erhalten.

Je mehr man also wächst und versteht wie man wächst und sieht wie andere nicht wachsen, desto mehr sieht man diese sogenannte Wachstumslücke. Doch man erkennt schnell, dass man selektiert, aussortiert und sich an anderen orientiert, welche das gleiche Wachstum haben.

Wie schließt man also die Lücke zwischen seinem Wachstum und dem Wachstum der anderen. Man geht wieder zurück auf den alten Standpunkt des Wachstums um die Lücke zu schließen. Wenn man jedoch wieder auf den Wachstumsstand zurück geht, verliert man sein Wachstum. Man muss weiterwachsen und sie müssen nachkommen. Sie müssen die Lücke aufholen und man selbst nicht wieder zurück auf einen alten Stand. Wenn sie dies nicht tun, muss man sie hinterlassen um selbst zu wachsen. An einem gewissen Punkt muss man loslassen um keine Lücke in seiner eigenen Wachstumsphase zu haben.

Im stetigen Wachstum wird man schnell merken wie unwichtig diverse Sachen sind, welche für andere möglicherweise das wichtigste auf der Welt sind.

Man wird sehr viel Erkenntnis erhalten und sich immer folgende Fragen stellen:

- Ist es bereichernd?

- Ist es notwendig?

- Ist es das wert?

- Ist es gesund?

-

Sollten diese Fragen nicht ausreichend und zufriedenstellend durch die eigene Erkenntnis beantwortet werden, dann sind wir gerne dazu bereit davon abzusehen.

Im gleichen Zuge überlegt man sich dreimal inwiefern man Alkohol trinkt und seinen pH-Wert im Anschluss drei Tage wieder ins alkalische bringen muss um den stark säure lastigen Alkohol zu neutralisieren. Gleichzeitig fragt man sich auch mit wem man bestimmte Konversationen führen kann und etwas dazu lernt oder ob man den anderen belehren muss oder nichts neues erlernen kann.

Mit Menschen sind natürlich immer sehr neugierig und suchen in allem Wachstum auch durch unseren Gesprächsinhalt.

Besonders interessant sind andere Erkenntnisse, Erfahrungen und anderes Wissen.

Doch auch hier gilt, dass es auch guttut, wenn man sich aus dem Wachstum herauszieht und sich ablenkt, sodass man hier einfach belanglose Dinge macht oder seine Zeit auch mal sinnlos verschwendet, solange dies nicht zur Norm wird.

Heilung

Im Jahre 2022-2030 besteht die Heilung zum großen Teil aus dem Gewicht von Liebe, Zuneigung sowie aus Liebe. Meistens aus einem Mangel davon oder aus einem Gleichgewicht.

Es ist auch das Gleichgewicht von Optimisten und Pessimist in sich selber zu finden. Die Gedanken zu ordnen und ein Teil des selbst Verstehens einzuleiten. Auf sein Bauchgefühl zu hören und das was einem nicht guttut, mit der Zeit abzulegen oder dementsprechend anzupassen, sodass man sich selbst effektiv heilt indem man sein Geist sowie seine mentalen Beziehungen verändert oder erweitert.

Es ist wie ein Kartenhaus und man selbst ist das Haus. Sofern das komplette Kartenhaus mit mehreren Karten des „Buben" erbaut sind, so tauscht man diese mit der „Königin" oder mit dem „König" aus.

Sinnbildlich sollte man sich demnach mehr selbst schätzen und sich einen höheren Wert zusprechen den man auch verinnerlicht.

Weder modernste Kontrollmechanismen noch neuste Techniken können die Einzigartigkeit unseres Lebens auch nur Ansatzweise bewerten.

In den Beziehungen zueinander ist ein sehr starkes Wachstum zu erkennen, sodass mache so weit sind, dass sie bereits sich und andere Heilen. Es ist sogar ein Trend geworden, dass man zu seinen Mitmenschen wieder respektvoll, wertschätzend und anständig ist.

Im Prinzip ist es die Erkenntnis, auf niemand böse zu sein und zu verstehen, dass wir alle einer Art Programmierung unterliegen, diese jedoch jederzeit ändern oder wechseln können.

Insbesondere liegt an dem Ego was man öfter in den Hintergrund stellen muss. Hätte man dies besser in der Masse einprogrammiert, so hätten wir langjährige Probleme bereits seit mehreren hundert Jahren gelöst. In vielen Kulturen ist das Ego mehr ausgeprägt als in anderen.

In der westlichen Welt zum Beispiel ist Glück eher auf das „haben und machen" ausgeprägt wohingegen in anderen Teilen der Welt das Glück eher mit dem „nicht haben und des Verzichtes" geprägt sind.

Zukunft

In der Zukunft wird vor Allem ein Brechen mit den Traditionen und mit den normalen Ritualen der Familie oder der Institutionen stattfinden.

Hiermit ist zum Beispiel der Fleischverzehr der verschiedenen Kochtraditionen oder gewisse Verhaltensmuster innerhalb einer Tradition gemeint.

Damals war das Motto eher „vertraue auf das was die Erziehungsberechtigten beziehungsweise die älteren und Weisen dir weitergeben".

Heutzutage ändert sich die Bewegung in „Hinterfrage was die älteren und Weisen sowie deine Erziehungsberechtigen für richtig gehalten haben".

Es ist im Prinzip nichts schlimmes und ein guter Weg um als Menschheit im kognitiven Zustand zu wachsen und die Ketten der Erziehung und Konditionierung abzulegen.

Nicht alles ist schlecht, womöglich ist das meiste was wir gelernt haben und von unserer Familie oder von den Obrigkeiten erhalten haben sehr nützlich. Doch der kleine Funke der Analyse oder der

Hinterfragung könnte uns in Zukunft diverse Probleme lösen, welche durch die alte Welt und durch die alte Struktur erschaffen sind. Auch wenn die Menschen meistens nichts davon wissen.

So gelten vor Allem die Kontrollmechanismen, die Ernährungsbranche, die Geldwirtschaft, die sozialen Strukturen, die Ungerechtigkeit und Armut auf der Welt, Kriegspolitik und viele weitere Sachen besonders zu hinterfragen.

In den letzten Jahren gab es ein Haufen an Nahrungsmittel Rückrufen und auch ein Haufen an körperlichen Beschwerden.

In der Vergangenheit haben die Menschen sich immer das Problem was sie hatten angeschaut und dies behoben. Doch in der Zukunft wird es so sein, dass man sich die Ursache für alles anschaut und diese direkt ausschließen kann.

Man kann dies auf soziale Kontakte, auf die Ernährung, auf den medizinischen Bedarf oder auf die Verbindung mit sich selbst beziehen.

Wir haben uns die letzten Jahre damit zufriedengegeben, dass die spürbaren Beschwerden mental oder nicht mental verdrängt, behandelt oder unterdrückt worden sind.

Doch die nächsten Generationen werden dieses erschaffene Urvertrauen an die Familie, an die Bank, an die Pharmazie an den Hausarzt und an die Schulstruktur hinterfragen.

Sie werden das Urvertrauen mit Urwissen ablösen. Dies kostet sehr viel Zeit, Arbeit und Eigenrecherche.

„Sobald das Urvertrauen einmal aus den Fugen geraten ist, wird es den Platz für Eigenverantwortung und Eigeninitiative ebnen."

Manuel Mendez Fracci

Viele kennen möglicherweise das Sprichwort „Vertrauen ist gut, Kontrolle ist besser". Doch in Wahrheit ist beides gut. Man soll nicht aufhören zu vertrauen, sondern lediglich der Wahrheit auf der Spur sein.

Das Leben ist voller spannender Informationen und Erkenntnisse. Demnach ist sehr vieles zu erforschen auch wenn jemand bereits eine Sache erlebt oder durchgemacht hat.

Mit dem jetzigen Wissensstand machen wir das Leben anders durch wie unsere Vorfahren und unsere Nachkommen machen das Leben anders durch als wir.

So ist Wissen und Vertrauen nie Infinitiv. Das darf nicht sein, weil es sonst eine stigmatisierte, stillstehende Bevölkerung gibt.

Wir haben in der Vergangenheit gesehen, dass zum Beispiel in diversen Nahrungsmitteln oder medizinischen Injektionen und Maßnahmen giftige Substanzen auch durch die Kontrollinstitutionen in unseren Organismus kommen. Sie werden ignoriert, als Unfall oder als Notwendigkeit immer wieder unseren menschlichen Kreislauf stören.

Ob es Fluor im Trinkwasser oder Antibiotika in den Tieren ist, welche wir essen.

Ob es Nahrungsmittelunverträglichkeiten sind oder ob die Ernährung einfach nicht für den Menschen gemacht ist.

Ob der PC unser menschliches Leben verbessert oder degenerierend und unser Selbstdenken einschränkt.

Ob uns Medien wirklich informieren oder uns formieren.

Die nächsten Generationen werden noch viel mehr Hinterfragen, denn die Zukunft ist vor Allem von Mut geprägt. Mut auch die eigene Herkunft sowie den Sinn des Lebens oder die Aufgabe von uns selbst zu hinterfragen.

Wenn wir bedenken, dass die Welt 1000-mal mehr Geld für Krieg ausgegeben hat als für Frieden, dann wissen wir das wir im gleichen Zuge die Welt 1000-mal verbessern können.

Man muss hierfür weder spirituell noch religiös sein, um zu erkennen, dass wenn man an einem Strang zieht die Kraft größer ist als wenn man ganz alleine einen Strang zieht.

Ebenfalls erkennt man auch, dass wenn an beiden Strängen wie beispielsweise beim Tauziehen, Kräfte gegeneinander wirken, dass nur eine Seite gewinnt. Warum zieht man als nicht anstatt gegeneinander an einem gemeinsamen Ziel?

Es gab bisher sehr wenig Kulturen, welche wirklich versucht haben das Individuum im vollen Umfang zu stärken.

Die meisten Kulturen haben immer nur einen kleinen Spielraum des Wachstums und der Entwicklung zugelassen, sodass sie über Ordnung und Chaos entscheiden konnten.

Wir sind mittlerweile in der Zeit, an der wir an der Grenze des Spielraums stoßen.

Wir sehen, dass wir vergiftet, kontrolliert sowie gesteuert und manipuliert werden. Viele versuchen diese Tatsachen noch zu verdrängen und ein gescheites Leben zu führen, doch manche sind hier auch schon ein Schritt weiter und wissen, dass jede Anpassung des Systems zu einem Totalausfall des Systems oder zu toten führen kann.

So kann beispielsweise ein Aktienkurs bei der Bank „BlackRock/Vanguard/EZB" darüber entscheiden, ob in Afrika Menschen Nahrungsmittel kaufen können oder nicht. Es wird über Leben und Tod entschieden.

Darüber hinaus kann uns aber Wissen retten und Fehlleitung töten.

Wenn ein Soldat zum Beispiel weiß, dass Amerika nur das Öl aus Afghanistan will und dort nur eine inszenierte Gefahr herrscht, so wird der Soldat nicht freiwillig für einen wirtschaftlichen Nutzen in den Krieg ziehen. Hat er diese Information nicht so wird er es im Namen des „Friedens" im guten Glauben ausführen. Dies ist natürlich ebenfalls höchst Paradox, denn ein Frieden ist nicht mit Gewalt oder Krieg zu lösen.

In der gleichen Bedeutung von Wissen, werden Menschen auch in Zukunft wissen, welche Produkte oder medizinische Notwendigkeiten sie haben. Dies geschieht derzeit schon durch Biodiversität oder durch das sogenannte Bio-hacking, womit wir unseren Körper die bestmöglichste Sauerstoff-, Kalorien-, Wissens- und Energiezufuhr ermöglichen.

Es gab Zeiten, in denen Zucker zum Schlankmacher ernannt wurde und Hanf als höchst psychotisch.

Im Umkehrschluss gab es auch Zeiten in denen Zucker als Dickmacher galt und Hanf als eine Heilpflanze eingeordnet war.

Alle Fakten waren von Wissenschaftlern und Studien übersät.

Aber auch die Wissenschaft lebt von immer neuen und umkehrenden sowie von aufgeholtem Wissen. Es ist ebenfalls nie linear.

In der Zukunft werden wir vielmehr wieder zur Natur zurückkehren und ein anderes Spektrum für Reichtum erlangen.

Vor Allem die Illusion von einem Wert des Geldes wird durch Armut oder durch den Strukturwandel sowie durch die Inflation immer mehr hinterfragt.

Die Menschen erkennen, dass richtiger Reichtum von Verständnis, einem Miteinander, von Verbundenheit der Natur (seine Herkunft) und auch von effizienter Zeitnutzung hergeleitet wird.

Das Ende von Materialismus und Kapitalismus ist bereits eingeleitet und hat dessen Zeit mit einer hohen Schuldenkurve verlassen.

Es ist klar das für die meisten Selbstversorgung, Autarkie sowie Eigenverantwortung wieder im Vordergrund steht.

Wir haben gesehen wie oft wir verarscht und hintergangen wurden sind, indem wir die Eigenverantwortung abgeben.

Es wird eine Welt eingeleitet die sich nicht kontrollieren lassen möchte, auch wenn derzeit alle Kontrollmechanismen ins wahnsinnige ausgereizt werden.

Ein Kreislauf des unendlichen wird eingeleitet, sodass jedes Individuum mehr zur Selbstverwirklichung und zur Eigeninitiative strebt.

Die neuen Strukturen beruhen demnach auf Nachhaltigkeit, Umweltfreundlichkeit sowie auf Eingliederung in die Natur und nicht auf der jetzigen Abkopplung der Natur.

Die letzten Jahre wurde die Natur drastisch zerstört, sodass wir in der Zukunft die Natur und dessen Rhythmus wieder herstellen.

Statt Abkopplung von der Natur, werden wir perfekt auch mit neuer Technik in der Zukunft leben.

Technik wird uns nicht mehr von der Natur abkoppeln, sondern uns ein Hilfsmittel sein, um die Natur und auch uns selbst wieder neu auszurichten.

Es wird die Zeit kommen in der wir erkennen, dass das einzige Mittel das wir brauchen um gesund und glücklich zu sein, wir selbst sind.

Das Einzige was uns daran hindert ist die Konditionierung und das System, welches es in der Zukunft in dieser Form nicht mehr geben wird und nicht mehr geben kann.

Viele denken immer, wenn man über das System spricht, wäre es systemkritisch doch muss man sich immer vor Augen halten, dass es immer ein System geben wird. Die Kontrolle und die Formen werden sich jedoch maßgeblich ändern.

Es ist wie ein Neuanfang und bereits viele sind in dieser Erkenntnis und aufgewacht aus einer alten Form des Lebens und tauchen in eine neue Form des Lebens ein.

Wir werden die Produktivität neu definieren und erkennen, dass Bäume und Pflanzen uns frische Luft geben, wodurch wir effektiver und klarer denken können.

Wir werden erkennen, dass stark verarbeitete oder produzierte Nahrung nicht die gleiche Wertigkeit hat wie frische und naturnahe Nahrung.

Es wird immer klarer das wir nicht nur ein Stück weit falsch gelebt haben, sondern auch, dass wir sehr viel Schönes noch verbessern und anpassen können.

Je glücklicher wir sind desto besser kann eine Struktur Anklang finden zu funktionieren.

Unfair dürfen wir nicht sein, denn unser altes System hat uns auch gute Seiten offengelassen, sodass wie alles im Leben an der Eigeninitiative hängt.

Die Zukunft vorherzusagen wäre genauso unsinnig wie die Vergangenheit schlecht zu reden.

Durch die Vergangenheit und durch viele Schicksale, konnten wir dazu lernen.

So wie wir gelernt haben, werden auch wieder weitere Generationen lernen und es hoffentlich noch besser machen als wir.

Wichtig ist, dass wir auch unsere Fehler weitergeben, sodass ein gewisser Lernprozess zustande kommt.

Doch eines muss gesagt sein. Es wird immer eine Masse geben, die ihre Eigenverantwortung soweit abgibt, dass die restliche Masse mitgezogen wird. Klar ist jedoch, dass es auch immer anders geht.

So soll man stets alles hinterfragen was man gelernt oder geglaubt hat. Nur so ist es einem möglich, sich selbst zu verstehen oder seine Umgebung so zu formen, dass man bedingungslos glücklich ist. Man sollte verstehen, dass jeder so lebt wie er es für richtig hält und wir sollten sterben nicht mit leben verwechseln.

Wir leben und sollten jeden Gedanken nutzen, anstatt zu verschwenden oder Kritik an denen zu üben, welche weder Verständnis, Vernunft oder Weitsicht haben.

Auch hier gilt wieder, dass jeder eine andere Perspektive und eine andere Weltanschauung hat.

Dies ist vor Allem wichtig in der Beziehung zur Kreation einer besseren Welt. Unsere Welt ist sehr gut so wie sie ist, dass darf niemand bezweifeln. Es kann schlimmer sein oder schlimmer kommen.

Es gab Zeiten die waren schlimmer als wir sie jetzt erleben.

Doch wer sagt uns wie schön das Leben eigentlich noch sein oder werden kann?

Es ist Zeit, dass wir einen Beitrag zum Glücklichsein beitragen.

Es ist Zeit das wir immer wieder aus dem Hass und aus dem Zorn aufwachen.

Es ist Zeit, dass wir Zeit so verstehen wie sie ist, ein Geschenk.

Es ist Zeit, dass wir dem negativen keine Aufmerksamkeit mehr schenken und ein glückliches Beisammensein als auch ein Alleinsein erleben.

Es ist Zeit, Lebewesen nicht niedriger zu sehen als wir selbst. Denn jedes Lebewesen ist wertvoll.

Es ist Zeit, dass wir Gelassenheit und Frieden in uns sowie um uns verstehen und Krieg in uns sowie um uns herum aus dem Weg gehen oder dies gänzlich ablegen.

Es ist Zeit.

Doch wann ist es für dich Zeit?

Zeitfracht Medien GmbH
Ferdinand-Jühlke-Straße 7
99095 Erfurt, Deutschland
produktsicherheit@kolibri360.de